倭の五王の里から解く
日本古代史の真相

紖屋彰徳

目次

はじめに……5

1 神功皇后……7

1－1 神功皇后の三韓出陣……7
1－2 神功皇后の母系は生江系葛城氏……15
1－3 神功皇后の父系息長氏と三尾氏……18
1－4 超古代探究……22
1－5 大加羅と大加賀……25
1－6 会稽東冶の東……34
1－7 次の国へ到る方向と距離……36
1－8 三尾氏・物部氏等の祖先地……38

2 倭の五王から武烈天皇まで……54

2－1 履中と仁徳の年代逆転……54
2－2 倭の五王……57

2-3 履中天皇……61
2-4 隼人……63
2-5 内臣と内宿祢……68
2-6 崇神天皇没後のことが応神天皇没後の物語になっている……70
2-7 出雲神話の須佐之男は三島宿祢……73
2-8 応神天皇と仁徳天皇の年代……75
2-9 帰還して大和に入った神功皇后……76
2-10 大和に入らなかった応神天皇……78
2-11 丹比は丹生都比売の丹と比……81
2-12 允恭天皇……88
2-13 安康天皇……96
2-14 雄略天皇……100
2-15 清寧天皇……112
2-16 武烈天皇……112
2-17 仁賢天皇・顕宗天皇……119
3 継体天皇から天武天皇まで……123
3-1 継体天皇の父系と母系……123

3-2 継体天皇の即位 …… 131
3-3 磐井の乱 …… 132
3-4 近江毛野臣 …… 133
3-5 皇位継承　その1 …… 136
3-6 蘇我氏の復活 …… 141
3-7 大伴金村の引退 …… 142
3-8 譯語田渟中倉太珠敷天皇 …… 144
3-9 皇位継承　その2 …… 145
3-10 舒明天皇 …… 152
3-11 用明天皇の孫高向王 …… 156
3-12 謎の漢王 …… 160
3-13 蘇我氏の滅亡 …… 162
3-14 百済の滅亡 …… 164
3-15 壬申の乱 …… 165
3-16 冶金を掌った大海宿祢麁鎌 …… 169

はじめに

いま、シリアで反政府集団がアサド政権を倒そうとして内乱になり、欧米が反政府勢力を、ロシアがアサド政権を支援し、世界が二つに分かれて相争っている間隙を突いて、イスラム過激派がイスラム国をそこに建てようとしています。

蜂が女王蜂を中心に巣を営むように、また、渡り鳥が群れをなして渡って行くように、人間も動物として、集団を成して他国の国土を奪い、そこに国を建てるという本能があるようです。

このような国土を奪い合い国を建てるという醜い争いは、天の神（アラ神）を信奉した皇室を仰ぐ我が国でもあったことなのですが、このような醜い事件は、現在の歴史教科書から抹消されており、神功（じんぐう）皇后の三韓征伐を知っている学生は皆無の現状ですし、倭（わ）の五王や継体天皇が福井県の地から畿内入りして即位したことも解明されていない状態です。

古事記や日本書紀をみますと、このようなことが幾らか書かれてはいますが、万世一系の皇譜を作り上げることを至上課題としていますので、かなり隠蔽され、真実を伝えていません。

例えば、日向の高千穂という格好良い峰にこだわり、ここに天降ったとしますが、それは他集団の天降りで、今の天皇家の天降り先ではありません。

天孫が日向に天降るとき、大伴氏の祖忍日命（おしひのみこと）と、久米氏の祖天津久米命（あまつくめのみこと）とが、「この地は韓国に向かい云々」と申したことが古事記に書かれていますが、両命が天降ったのは、日向の高千穂ではなく加賀の白山で、朝鮮半島の太白山からの天降りです。

本書は大伴氏のみならず、物部氏の正体をも見事に見抜いています。神功皇后の三韓征伐に随行した物部噲咋連(もののべいくいのむらじ)のイクイは生井で、この人物は北越前を流れる生江川(いくえがわ)を開発した生江氏です。また、継体天皇の即位に同意したという物部麁鹿火(もののべあらかひ)のアラカイは吉田郡永平寺町荒谷の地名によりますし、アラはアラ神に通じます。この氏族は葛城姓生江氏と言われていますが、北紀伊の葛城直(かつらぎのあたい)のほうが生江氏の支流でして、大和の葛城臣(かつらぎのおみ)とは別の氏族です。

このように、福井県北部は日本古代史探求の宝庫でして、ここに生まれ育った者にしか解明できない、日本古代の謎解きの鍵が潜んでいます。

この古代史の宝庫の鍵を開けましたのが本書でして、これを日本の古代に関心をお持ちの方々に公開いたしたく、出版に至った次第です。

神功皇后の偽系譜を見抜くことから始まり、日本史の記定を初めて命じられた天武天皇までを、古事記・日本書紀の記載に沿って、私見を混えながら、纏めてみました。

執筆にあたっては、極力、我田引水に落ち入らないよう配慮しましたが、そうした点が目立ちますれば、御容赦願いたく存じます。この本を読まれまして、ここはおかしいと思われれば、あなたは、もう立派な歴史家です。その御異見を展開してください。それがあなたの歴史観になり、その輪が広がって、本書が日本古代史の改革に役立てば幸いです。

1　神功皇后

1-1　神功皇后の三韓出陣

仲哀天皇は二年二月に敦賀に行幸し、気比宮を建てて行宮とし、三月に皇后や百僚を敦賀に残して少数で南国を巡行、紀伊に至って徳勒津に逗留しました。

このとき熊襲が背いた知らせがあったので、天皇は穴門へと船で出発、敦賀へ使者を出して皇后も穴門へ向かうよう伝え、六月に天皇は穴門に着き、七月に皇后も穴門に着きました。

穴門には五年半ほど滞在し、八年正月に筑紫へと向かいました。

この年の九月に天皇は群臣を集め、熊襲を征伐することを諮問されました。このとき、ある神が皇后に教えて、「どうして熊襲にこだわるのか、この国は何もない国だから、軍を出して戦うような国ではない。その国よりも、もっと宝がある国が津の向こうにあり、それを新羅という。われをよく祭れば、刀に血をつけることなく、その国は服従するだろう。また熊襲も自然と屈服する」と申されました。けれども天皇は信じたまわず、強引に熊襲を撃ち、勝利をおさめることが出来ずに香椎宮(かしいのみや)に退きました。そして、九年二月に天皇は急に痛み、翌日に亡くなりました。

古事記によりますと、天皇は熊襲を撃とうとして、琴を弾き神の神託を請うと、「西のほうに金銀を始めとして目の輝く色々な珍しい宝が沢山あるから、この国を差し上げよう」と告げました。天皇は、「高いところに立って西のほうを眺めても、国土は見えず、ただ広い海があるだけだ」と答え、偽りをなす神だと言って、琴を押しよけて弾きたまわず、黙して座ったままでした。すると、その神は大いに怒り、「この国は汝の治める国ではない。汝は黄泉国(よみのこく)へ参れ」とのたもうたので、建内宿祢(たけうちすくね)は驚いて、「なお琴をお弾きなされ」と進言すると、天皇はそろりそろりと琴を取り寄せて弾きたまい、いくばくもなく琴の音が絶えたので、灯(ともしび)をかざしてみると、亡くなっていました。

この記事にある仲哀天皇の系譜を解説しますと、吉備臣(おみ)の祖先の若建吉備津日子(わかたけきびつひこ)の娘である播磨稲日大郎娘(いなびのおおいらつめ)を景行(けいこう)天皇が皇后として生まれた皇子が日本武尊(やまとたけるのみこと)で、日本武尊の子が仲哀天皇です。

仲哀天皇の母は垂仁天皇の後宮に入った三尾氏の綺戸邊(かにはたとべ)が生んだ両道入姫(ふたみちいりひめ)でした。綺戸邊は山城国南端を流れる木津川流域にある相楽(そうらく)郡山城町綺田(かにはた)の地の住人でした。仲哀天皇の畿内の宮殿地は記紀に記載されていませんが、相楽郡と綴喜(つづき)郡の郡境あたりにあったらしいのであり、仲哀天皇の皇后を出した息長氏の畿内の居住地は、綺田の西北近くの普賢寺です。綴喜郡田辺町普賢寺にあった息長山を山号とする普賢寺の存在がこれを示します。

つぎに建内宿祢についてですが、建は武とも書かれ、たけたけしい内宿祢の意味があります。内宿祢については、吉野川の川尻にあった宇智郡はいまの五條市のあたりで、ここが内宿祢の本拠地でした。また、山城国綴喜郡有智郷は京都府八幡市内里のところで、ここは内臣の居所であり、内臣であった建内宿祢の居所です。

それから、石川県河北郡内灘町と、石川県石川郡鶴来町の東方を流れる内川あたりは、内宿祢の経由地です。特に後者の川が初期葛城氏の始祖である剱根の発祥地、鶴来町の東方近くを流れることに興味があります。

孝元記によりますと、孝元天皇が尾張連の祖、意富那毘の妹、葛城之高千那毘賣をめとって生まれたのが味師内宿祢で、味師内宿祢は山代の内臣の祖であると付記されています。

葛城之高千那毘賣は尾張連とは無関係で、剱根葛城氏の族らしいのであり、この姫を祖と仰ぐ内宿祢というのは、当たらずというも、遠からずです。

肥前の熊鷲を撃つべく、皇后は香椎から夜須郡栗田に移り、熊鷲を滅ぼしてから、山門縣に移り、田浦津姫を撃ちました。そして、そのあと、四月に肥前の松浦で釣をされました。

その後、西を征服せよとの神の教えの験があることを知り、九月に諸国に令して船舶を集め、兵隊の訓練をしましたが、軍卆の集まりが悪かったので、朝倉郡に大三輪社を建てて刀矛を奉納したところ、軍衆が自然と集まりました。

阿閉(あへ)の海人を西海に出して、国があるかを確かめさせると、「国は見えなかった」という返事でしたので、志賀島の海人を出して見させると、「西北に山があり、帯雲のように横たわっている。恐らく国だろう」という返事でした。そこで、その国を撃つ決意をし、三軍に令しました。

このとき、皇后は解胎にあたっていたので、石を腰に挟み、「事を終えて、ここへ帰ってから、産まれますよう」と祈られました。この石は怡土県(いとあがた)の道端にあるそうです。

十月に皇后が率いる軍勢は対馬の鰐浦を出港し、新羅へと向かいました。軍船が海に満ち、軍旗が日に輝き、笛太鼓が響き渡り、山川が悉く振動したので、新羅王は白旗をあげて降伏し、王子を質にして、金銀などを八十艘の船に載せて、官軍に従わせました。


ここで割注釈しますが、この記事以外に、新羅(しらぎ)が皇子を質にした記事がないことに、注目を要します。その理由は、帰化した新羅の皇族の子孫が、日本史に重要な役割を果たすからです。


新羅が日本に降ったことが、高麗(こま)と百済(くだら)に伝わり、二国の王は密かにその軍勢を伺わしめ、勝てないことを知り、自ら営の外に来て、「今より以後は、長く西蕃を称して、朝貢を絶やしません」と申しました。

三韓征伐から帰国した皇后は十二月十四日に誉田(ほむた)天皇を筑紫で産みました。

従軍した表筒男・中筒男・底筒男三神の宣託があり、穴門直の祖の践立と、津守連の祖の田裳見宿祢が、「神がおわしたいと欲したまう地を定め奉るべし」と皇后に進言したので、践立が荒魂を祭る神主となり、神社を穴門の山田邑に建てました。

割注釈しますと、タモミ宿祢のタモは壺の形をしたものを言い、ここでは頭の髪を束ねて壺の形にしたものを指します。神戸市垂水区の如く垂水と書いてタルミと読むように、タモミのミは水なので、タモミ宿祢は禊の筒野男三神と関連があります。

魏志倭人伝に不彌国の官が多模であると書かれています。つまり、タモミ宿祢の祖先は不彌国の国王だったのであり、不彌国も水行地だったのです。

また、穴門の山田邑は神社を建てた後に山田と名付けたらしいのです。「邪馬台国を探すなら、全国の山田を探せ」と言う人がいましたが、これは当たっています。

魏志倭人伝の邪馬壱国への道は、東行して博多あたりの奴国から迷路に入っています。福岡県には博多の東南東に山田市（平成十八年嘉麻市に編入）があり、そのあたりを地図で探しますと、山田市の西北に筒野という地名があります。ここがまさに筒男三神の生誕地です。近くに入水という地名もあり、池もまばらに存在します。

この付近が邪馬壱国入口での水行地に違いないのです。舟で行くばかりを水行と考えるのは愚か過ぎます。行の漢音はコウですが、呉音はギョウであることに気付くべきです。つまり、田裳見宿祢は呉音の水行を管掌した宿祢だったのです。

市内では、筒野の東南に百々谷団地バス停があり、団地の西南に岡がありますので、行ってみますと、周囲は崩れかけた急な崖で囲まれ、岡の幅は百五十メートル位、長さは三百メートル位あり、上面はほぼ平らです。坂道を登り詰めた岡の入口に、肩の高さほどある立方体の巨大な岩が置かれ、これが亀旨峯らしいのです。ここの土は崩れやすいので、登りつめた高台の入口を入った所に亀旨峯代りの岩を置いたらしいのです。亀旨峯については後で説明しますが、ここが邪馬壱国の宮殿跡に間違いなさそうです。

ここで問題になるのは、邪馬壱国の戸数七万余戸の多さですが、これには投馬国の五万余戸を含んでおり、戸数については、魏志倭人伝は女王国を以て邪馬壱国と見なしていますから、投馬国以外の南の国々をも含んでいます。

不彌国までは「何戸あり」「何家あり」なのですが、投馬国と邪馬壱国に限り「何戸なるべし」という書き方にして、その意図するところを表わしています。

翌年二月に皇后は豊浦に移り、天皇の喪を収めて、瀬戸内海を東に向かいました。これを知った香坂王と忍熊王は皇后を迎え撃つべく、明石付近の斗賀野に陣を張りました。このとき、近江の犬上君の祖の倉見別と難波吉師の祖の五十狭茅宿祢が、香坂王に味方して将軍となり、東国の兵を集めました。

戦いの勝敗を占う狩猟をして、香坂王が熊のために喰い殺されてしまいましたので、忍熊王は退いて住吉に駐屯しました。

皇后の船が難波を目指したとき、船が廻って進めなかったので、武庫川の河口に戻り、占いをしました。このとき、天照大神の御心を広田神社に、稚日女尊（わかひめのみこと）を生田神社に、事代主尊（ことしろぬしのみこと）の御心を長田神社に、筒男三神の和魂（にぎたま）を大津の渟中倉（ぬなくら）の長狭（ながさ）に鎮座し、平穏に海を渡ることができ、南廻りした皇子と武内宿祢に合流すべく、紀伊へと向かいました。

ここで割注釈しますと、住吉大社は難波にありますが、このときの住吉神社は、経路からしますと、いまの神戸市東灘区の住吉です。しかし、そこに大きな神社があった形跡は残っていません。記伝は、今の東灘区のところの住吉村に本住吉という神社があり、地形も長狭にかない、皇后が祭った他の神々もこの付近に鎮座するとします。

日本書紀には、忍熊王が退いて駐屯した住吉がどこの住吉なのか明記してありませんが、東灘の住吉は、皇后が武庫川の河口に戻った方向ですし、忍熊王が退いて駐屯したのは難波の住吉のところです。いまの住吉大社のところに、神功皇后が神社を建てたとするのは、日本書紀の記事を理解せず、地理もよく知らない、我田引水の論で、後世に津守連が筒男三神を祭ったのが住吉大社ということになります。仁徳記に「墨江（すみのえ）の津を定めたまいき」とありますから、このときらしいのです。特筆すべきは、事代主尊を祭る長田神社の長田の名が皇后の生地によることです（百二十八ページ参照）。

神功皇后は、その後、紀ノ川北岸の小竹宮（しののみや）に遷りました。このとき、昼も夜のように暗く、それが多日にわたりました。皇后は紀直の祖豊耳に理由を尋ねますと、一人の老人が「伝え聞くに、このような怪をアズナヒの罪という」と申すので、何のいわれか問いますと、「小竹の祝（はふり）と天野の祝を共に合わせ葬ったからだ」というので、別けて葬りなおしました。

割注釈しますと、武内宿祢の本拠は小竹より上流の宇智郡（いまの五條市）でした。その本拠が敵側になっていたのです。

皇后軍の中には北九州の人々が大勢いたらしく、筑前国怡土郡のイトが吉野川下流の和歌山県伊都郡の郡名になっており、博多市那珂（なか）の地名が伊都郡西隣の那賀（なが）郡の郡名になっています。

三月五日に武内宿祢は和珥臣（わにのおみ）の祖武振熊（たけふるくま）に命じて、数万の兵を率いて忍熊王を撃たしめ、武内宿祢等は精兵を選んで山城より攻めました。

このとき、熊之凝（くまのこり）という者が忍熊王の軍勢の先鋒となっていました。この熊之凝は葛野城首（かづののきのおびと）の祖です。一説では多呉吉師（たごのきし）の遠祖ともいわれます。

戦に負けたい忍熊王は逢坂（あふさか）を通り粟津に至り、逃げ入るところがなく、五十狭茅宿祢（いさちすくね）とともに、瀬田の渡りに沈んで死にました。

三国史記新羅本紀によりますと、三六四年四月に倭（わ）兵が大挙して進入しましたが、新羅は迎日湾南のフケンから伏兵を出動して倭軍に不意撃ちをかけ、倭軍が大敗して逃亡したので追撃し、倭兵をすべて殺しました。つぎに、三九三年五月に倭軍がフケンの南の金城を包囲し、新羅の王は「賊軍が船を捨てて内陸に深く入り込み死地にいるので、その矛先をかわすことはできない。それで持久戦に持ち越すべし」と言いました。

神功皇后の三韓出陣は、この記事の三六四年か三九三年の何れかです。

つぎに、好太王碑文を当たってみますと、「百済・新羅はもと属民にして由来朝貢す。しかるに、倭は辛卯の年をもって海を渡り来て百済□□新羅を破り、もって臣民となす」と刻まれています。辛卯の年は三九一年です。そうしますと、神功皇后の三韓出陣は三九一年か三九三年の何れかです。

1-2　神功皇后の母系は生江系葛城氏

古事記に神功皇后の母、葛城高額比賣についての系譜があります。しかし、日矛を始祖とし但馬氏の姓を連ねた系譜は、但馬宿祢か筒木息長氏が関与した創作らしいのです。

日矛―モロスク―タジマヒネ―タジマヒナラキ―タジマヒタカ―葛城高額比賣

筆頭の日矛については、つぎの伝承があります。

新羅に一つの沼があり、その沼辺で卑しい娘が昼寝をし、日の輝きが陰部を照らし妊娠して赤玉を生みました。

それを見ていた男が赤玉を貰い、いつも包んで腰につけていました。

新羅の王子である天之日矛（あまのひぼこ）が赤玉を譲り受け、床の辺に置いておくと、美しい乙女にかわり、王子は結婚して正妻としました。

妻はいつも夫に誠実をつくしましたが、夫の王子は高慢で妻をののしったので、妻は小舟に乗って、祖国に帰り、難波にとどまりました。

王子は妻を追って難波に入ろうとしましたが、海峡の神がさえぎったので、難波に入れず、但馬にとどまり、但馬俣尾の娘を妻にしました。

但馬比多訶（たじまひたか）は垂仁天皇時代の人であり、その娘が神功皇后の母方だとする息長系譜は二代くらい代数が不足し、この観点からも、この息長系譜は明らかな接続違いであると断定できます。

仲哀紀二年正月条に、「来熊田造（くくまたのみやつこ）の祖大酒主（おおさかぬし）の娘弟姫（おとひめ）を娶（めと）りて誉屋別（ほむやわけ）皇子を生む」とあります。

ここに書かれている大酒主というのは、大酒生（おおさこう）が正しいようで、主と生は酷似した字なので、誤写されたらしいのです。

福井県足羽郡を流れる足羽川は生江川と呼ばれ、その流域を葛城系生江氏が開発したことが知られています。

その生江川が谷間を出た北側に酒生という地名があります。酒生小学校・酒生保育園・酒生公民館・咲こう郵便局があるあたりです。この酒生地区は、生江氏が開発した箇所だと言われています。

昭和の末期に、この酒生の少し川上のところに熊が来て、婦人が被害にあいました。このことから、来熊田というのは生江川の谷間らしいのです。このあたりでは、長谷を長田と言い書きしますように、来熊田の田も谷なのです。

この葛城系生江氏の娘が神功皇后の母、葛城高額比賣です。つまり、神功皇后の母は葛城系生江氏の娘なのです。

そして、葛城系生江氏である大酒生の娘、弟姫が生んだ皇子が、なんと、反正天皇です。

それで、葛城高額比賣の宗家の娘が反正天皇の母というわけです。

この母系は葛城系生江氏と言われていますが、葛城系生江氏と言うよりは、生江系の葛城氏です。この母系について、意外なことがわかり、後に詳述しますが、反正天皇の丹比宮を築造したのはこの母系であり、丹生都比売神社の祭祀者を祖先とする関東の丹党もこの母系です。

それから、反正天皇の皇子が允恭天皇で、允恭天皇は前述した酒生の北々東約三キロにある長田で育っていまして、男浅津間若子宿祢の諱のオアサツマは尾浅端で、尾は尾根の尾で、端をツマと言います。この諱は市営焼却場が建てられている小高い岡の両側の高さが違っていることによります。

内側は谷の奥なので、海抜が高く、外側と高さが違うのです。つまり、内側の尾根のほうが浅いのです。この浅い内側が長田で、その奥が次項に出てくる系譜の息長田である奥長田の小字です。この長田の長は長短の長ではなく、首長の長であることが一四四ページで分かります。

また、允恭天皇の皇子である安康天皇の諱の穴穂と、宮殿名の穴穂宮の由来も、長田がある穂のように細長い谷（穴）の形によっており、この天皇も長田で育てられています。

1―3　神功皇后の父系息長氏と三尾氏

古事記は神功皇后のことを息長帯比売命と書いています。この息長氏については、いかがわしい息長系譜が古事記に記されているのみで、その素性は全く不明です。

しかし、息長氏の祖先を解明する手がかりが、京都府南部の綴喜郡にあり、同郡田辺町にある普賢寺は息長山の山号をもっていました。七四四年、この寺に丈六の十一面観音像が安置され、いまは観音寺という寺になっています。

同寺の鎮守である朱智神社には、古い時代に朱智（のちの普賢寺家）・息長（のちの下司家）・三国（のちの長岡家）の三家があり、毎年六月に行われた京都の祇園祭に朱智神社の榊を移す祭事が執り行われました。

朱を漢語林で引きますと、侏の人偏を省いた字としてコビトの意味があります。この智慧のあるコビトが、孝元記、建内宿祢九人の子の最後にある若子宿祢（わくごのすくね）に当たります。

この若子宿祢が、允恭天皇の諱である男浅津間若子宿祢（おあさつまわくごのすくね）の最後についています。これは允恭天皇が若かりしとき江野財（えのたから）の子孫に育てられ、同族同様の扱いを受けていたことを示します。この江野財の子孫というのが酒生の北々東の奥長田に住んだ息長氏なのです。

イキナガと漢字で書いて、なぜオキナガと読むのかを説明しますと、島根県八束（やつか）郡八雲村を流れる意宇川の読みはオウガワです。つまり、出雲神話の時代にはイはオと発音したのです。

また、孝元記の若子宿祢に「江野財臣（えのたからのおみ）の祖」と注釈があり、財（たから）というのはノラ仕事の野ラと同じ呼称で、財（たから）を書き変えると高羅・高良であり、具体的には、北越前の東尋坊を西端とする高台を指すようです。筆者の生地からは、この感じが手に取るように分かります。

広域地名の区域は一定不変ではなく、古代の三国の範囲は、江沼郡・坂井郡・吉田郡・足羽郡の範囲だったようで、この高台の南と北が江野らしいのです。

国造本紀によりますと、成務（せいむ）天皇の御世に蘇我氏と同祖の若長足尼（わかながたらしあま）が三国国造（みくにくにのみやつこ）に任じられました。この若長足尼というのが、建内宿祢九人の子の最後に記されている若子宿祢の宗女（宗家の娘）らしいのです。

古事記に書かれている息長系譜を系図化しますと、次のようになります。

開化天皇　　　　　　　　　　　　葛城高額比売
┬日子坐王　丹波の遠津臣─高材比売　┬息長帯比売命（神功皇后）
大祁都比売　┬山代の大筒木真若王　┬息長宿祢王　┬虚空津比売命
小祁都比売（大祁都比売の妹）　┬迦迩米雷王　└息長日子王（吉備品遅の祖）
大筒木真若王の妹、伊理泥王─丹波の阿治佐波毘売

日子坐王（ひこいます）は開化（かいか）天皇の皇子で、大祁都比売（おおけつひめ）・小祁都比売は京都府相楽（そうらく）郡木津町の地にいた木津氏の姉妹です。それが息長氏の母系になっており、父系は開化天皇です。

このような偽系譜は沢山あり、この系譜とて例外ではなく、京都府綴喜（つづき）郡田辺町の地にいた息長氏の創作と断定できそうです。

この辺はかぐや姫物語の発祥地で、息長帯比売命（おきながたらしひめのみこと）の妹とする虚空津比売（こくうつひめ）の名は、かぐや姫を想起させますが、虚空にいたっては、僧侶の臭いが、ぷんぷんしますので、この系譜は普賢寺の僧侶が関与した創作のようです。

迦迩米雷王（かにめいかづちおう）の名は相楽郡山城町綺田（かにはた）を想起させますが、綺田は滋賀県蒲生町にもあり、所在は不明ながら、景行紀五十三年十二月条に「東国より帰り、伊勢に居られ、これを綺宮という」とありまして、近江にも伊勢にも三尾氏が分布しています。

伊勢と言えば伊勢神宮ですから、この神宮の祭神は、三尾氏が近江の蒲生を経て遷宮したらしいのです。

崇神紀六年条に、崇神天皇の宮殿に大和大国魂神とともに祭られていた天照大神を豊鍬入姫に託されて大和の笠縫邑に安置され、垂仁二十五年三月に天照大神を豊鍬入姫より離し、倭姫に託されました。

この文には、「豊鍬入姫より離し」というところに疑問があります。これは、異系氏族の系譜接続と同じ手口です。また、大和大国魂神の大和にも問題があります。

倭姫は大神を鎮座すべきところを求めて、宇陀の佐々波多に至り、さらに戻って、近江に入ってから、美濃を経て、伊勢に至りました。このとき、天照大神が「この国に居らんと欲す」と倭姫にのたもうたので、その祠を伊勢に建てました。

笠縫に祭られていましたのは壱与系の天照大神です。また、宇陀に天照大神を祭ったのは大久米のようであり、大久米というのは三尾氏です。

能登半島南部に三尾の地名があり、その東南近くに小久米・久目の地名がありますことが、これを立証します。

倭姫は、宇陀に祭られていました事代主神の祖先の天照大神を、近江の綺田に遷座し、その後に、美濃を経て、伊勢の綺田に遷座したのですから、伊勢神宮に祭られていますのは、崇神天皇の宮殿に祀られていた天照大神ではありません。

1－4　超古代探究

近江の綺田がある蒲生町の西北西に中主町（ちゅうず）があります。この中主町は高天原に初めて成りました天御中主尊（あめのみなかぬしみこと）の由来地のようで、ここに安（やす）の河原に相当する野洲川（やすがわ）も流れています。

天児屋根尊（あまのこやねのみこと）とか多祢伎命（たねきのみこと）とか宇佐津臣命（うさつおみのみこと）とかは、藤原氏が自分の系譜として、他族の祖先を取り込んだ名に間違いありません。

中臣（なかとみ）氏の明白な祖先は伊賀津臣（いかつのおみ）からで、伊賀津臣は、審神者の役割で、中臣烏賊津使主（いかつおみ）として仲哀紀にあり、允恭紀（いんぎょうき）にもありますが、仲哀紀のほうは架空で、允恭紀のほうが現実です。つまり、中臣氏が史上に初めて具体的に出現するのは允恭時代です。

系譜では、伊賀津臣の四代後に国摩大鹿島命（くにすりおおかしまのみこと）を置いています。このことから、中臣氏は允恭天皇の四代あとの時代に東国の鹿島へ下ったことになり、東国にも中臣氏がいました。

烏賊津使主のイカツの意味ですが、近江や越前の方言では、大きいことをイカイと申します。つまり、中臣氏の発祥地は近江らしいのです。そして、イカツオミというのは大臣という意味で、固有名詞ではありません。それなので、この名が神功皇后の時代でも架空として通用可能なのです。中臣系譜では跨耳命（あとみみのみこと）が仲哀天皇の御世に卜部（うらべ）の姓を賜ったとしますから、この跨耳命を日本書紀は烏賊津使主としているわけです。

また、同系譜は鎌足の曽祖父常盤大連（ときわのおおむらじ）が欽明（きんめい）天皇の御代に卜部から中臣に姓をかえたとしますから、もとの中臣に戻したことになりますが、常磐というのは常陸（ひたち）・磐城（いわき）のことで東国であり、このときに、東国から畿内に戻っています。

近江に戻りまして、野洲川河口より幾らか上流に、竹生(たけじょう)の地名があり、野洲川の東を流れる日野川の河口に佐波江(さなみえ)の地名があります。

竹生は福井県の武生(たけふ)からの転移で、佐波江も福井県の鯖江からの転移だと福井県に生まれた者にしか分からない直感です。これは決して我田引水ではないと確信致しまして、ここに古代の謎を解く鍵が潜んでいます。古代といっても高天原以前のことですから、大変な眼力です。

近江に居ました古代の天津彦根命(あまつひこねのみこと)の名は、加賀の白山西南にある大日山(だいにちやま)と、ここを源流として北に流れる大日川の名に由来する大日命が、日野川が流れる鯖江・武生付近に移住し、そこから更に近江へと移動したので、近江に日野川と佐波江・竹生の名が転移したものと考えられます。

つまり、近江の高天原時代の前に、越前の日野川時代があり、更にその前に、石川の大日川時代があったのです。

群書類従所収の伴(ばん)系譜はこの経過を示していますが、筆頭を始めとして順序が狂っています。

大中主尊―高皇産靈尊―天忍日命―天津彦日中咋命―天津日命―日臣命―味日命―雅日臣命―大日命―角日命―豊日命―健日命―武持―室屋大連―談大連―金村大連

この系譜にある天津日命―日臣命―味日命―雅日臣命あたりが越前と近江の日野川に関係し、筆頭の大中主尊が近江の野洲(やす)郡中主町(ちゅうず)に関係しています。

石川の大日川時代の先を逆登りますと、新羅の迎日湾時代です。この新羅の迎日湾を、筒之男三神の教えで、神功皇后が攻めました。

その昔、同族の祖先がヒのつく肥前・肥後・日向へと進み、更に伊予へと出ました。この皇統が卑弥呼（ひみこ）・壱与（いよ）の宗家で、崇神天皇へと続きます。ヒミコは日御子なので、前出の大日命と原郷が同じです。

それならば、卑弥呼の邪馬台国は肥前・肥後・日向・伊予のルートにあるだろうと、早合点するのは禁物です。魏志人伝に伊都国について「世有王、皆統属女王国」とあるのを、真に理解している人は皆無に近い状態です。倭国を統一した大王は伊都国を領し、そこから大王家の未婚の娘を女王国に出して、倭国の王としていたのです。ですから、女王国内にある邪馬台国は、早合点のルート内とは限らないのです。

追加しますと、山陰の米子の東を流れる川を日野川というのは、越前の日野川流域のつわ者が侵略したからで、出雲市の南方に古志があるのも、武生・鯖江地区を含む高志（こし）のつわ者が侵略したからで、その時期は須佐之男が出雲へ来る前のことで、後に来た須佐之男の子孫である大国主命をいじめまくりました。

もう一つ追加しまして、なぜ卑弥呼・壱与の先祖が筑前を遠回りしたかを述べますと、筑前に大加羅の主露（しゅろ）が移っており、筑前に大加羅の首都があったからです。加賀も大加羅の一国で、筑前にいた加羅系は、卑弥呼の宗家の攻撃を受けて能登・加賀に逃れました。

また近江に戻りまして、天御中主尊の後裔で、近江の神様だった天津彦根命は大河内国造・山城国造・周防国造・額田部湯坐連・高市縣主・蒲生稲寸等の祖先だそうです。

大河内国造については、凡河内直香賜と采女を遣わして胸方神を祭らわしめたが、香賜が采女を奸したので、難波日鷹吉士に殺させようとしたけれど、香賜が逃げ失せたので、弓削連豊穂に広く国郡縣を捜させて、三島郡の藍原で捕えて斬ったと、雄略紀九年二月条に出ています。

また、宣化天皇の即位前の庶妃に大河内稚子媛があり、椎田君の祖の火焔皇子を生みました。

1−5　大加羅と大加賀

垂仁時代に山背大国の不遅の娘、綺戸邊が綺田にいました。この娘が垂仁天皇の妃となって、三尾氏が発祥したという三尾氏の系譜になっています。そうしますと、この系譜にある迦迩米雷王というのは三尾氏の祖先であるべきです。

迦迩米雷王の迦は大加羅の加で、迩は漢語林を引きますと「近いもの」とあり、米は頭目の目のようです。すると、迦迩米雷王というのは「大加賀王の近親者で雷のように怖い王」ということになります。

綺田のカニも迦迩と同じで、ハタは傍ですから、カニハタは大加羅王の近親者に侍る者ということになります。

高麗(こま)の十一代文宗(在位一〇四七～一〇八二)のときに、金官地方の長官が編集したという加耶(かや)国記に、つぎのようなことが書かれています。

亀旨(くじ)で呼ぶ声がしたので、村々から二三百人が集まったところ、「ここはどこか」と不思議な声で尋ねられましたので、「ここは亀旨です」と答えました。すると、「ここに新しく国をたてて王になれと、皇天が私に命じたので降りてきた。汝等は峰の頂上の土を掘りながら、亀よ、亀よ、首を出せ、首を出さねば、焼いて食べるぞと歌い踊りなさい。これが大王を迎える喜び踊る儀式なのだ」と言われました。言われた通りにしていると、天から紫色の縄が垂れてきたので、着地したところを探しましたら、赤い布に包まれた金色の箱がありました。開けてみると、黄金の卵が六個入っていて、日輪のように丸かったので、皆驚いて何度も拝みました。半日ほどして、また箱を開けると、六個の卵は童子になっていました。童子たちは十日もすると身長が九尺にも伸び、その中の一人が首露を称して大加耶の王となり、他の五人は各々五加耶の王となりました。東は黄山江、西南は走海、西北は地理山、東北は加耶山をもって境界とし、南は国の果てるところである。

後漢の光武帝の十八年のことと、添え書きがあり、光武帝の十八年は西暦十二年にあたります。問題は「南は国の果てるところ」でして、どこまでか不明なことであり、日本列島にまで広がっていたからのようです。

福井県坂井郡丸岡町北横地に、もと式内社の布久漏(ふくろ)神社がありまして、この神社の名は主露にたいする副露に相当します。

この神社は、和名抄に坪江（丸岡城の北々西）と海岸の海部との間にある郷名の副留から勧請されたらしく、副留は副露が駐留した所で、今の坂井郡金津町あたりに相当します。大昔には、この付近が大加羅の一国であった加賀の領域であり、副露が支配した加賀の勢力範囲だったのです。

加耶国記には東南限界は示されていませんが、南と同様に国の果てるところだったようです。海部の祭祀地だったと思われる東尋坊北の雄島に、大湊神社があり、事代主神と少彦名神を祭っていまして、その付近は安島という大字です。

鴨緑江河口北岸に安東の地名がり、事代主神は鴨緑江河口廻りの安邑系ということが分かります。

夏初代の禹は黄河の治水に成功し、諸侯の人望を得て、天子の位につき、夏后氏を称し、安邑に都をおきました。

大加羅の王族は鴨緑江まわりの安邑系のようであり、生江物部氏に支援されて大和入りし、大久米に居候した垂仁天皇は、事代主神の後裔らしいのです。

大加耶（大加羅）の首露は後に北九州北岸の和白（志賀島の東方）に移動しました。そう断定できます理由は、ワシロというのは、倭首露のなまった地名だからです。

後漢書東夷伝に「建武中元二年（西暦五七年）倭の奴国奉貢朝賀、使者自ら大夫を称す。倭国の極南界なり。光武賜うに印綬を以てす」とあり、この印綬が志賀島の叶崎から出土した金印らしいのです。

つまり、加羅にいた主露である大加羅王が大加羅の南限である和白に移動して、奴国王（のこくおう）となっていたのです。このとき、奴国が倭国の南限だというのですから、この倭国はまさに大加羅です。

なぜならば、倭の漢音はカですから、漢音では倭国の読みはカコクです。

そして、倭の呉音はワですし、当時の筑前には揚子江南の呉から移住してきた人が多かったので、倭をワと読み、倭首露がカシュロからワシュロと言い方が変わった次第です。

加羅の人たちは自分の国を加耶（かや）と称していました。夏が加に変わって、カだけでは語調が整いませんから、夏后となったり、加耶となったり、加羅となったり、加賀となったりするわけです。

加賀の発生源である大聖寺あたりの人々同志の話を聞いていますと、やたらとガが語尾につきます。これも、ガを以て語調を整えるためです。

翰苑（かんえん）が引く魏略（ぎ）に「その俗男子皆點（てん）面文身、その言語を聞くに、自ら太伯（たいはく）の後という」とあります。この太伯というのは周の太王の長男でしたが、弟に政権を委ね、自らは野蛮な地に落ちのび、そこの風俗であった文身・断髪をし、呉の太伯といわれるようになりました。

周は紀元前四〇三年から紀元前二二一年にあった国で、點面は顔に黒い点を付けること、文身は刺青（いれずみ）のことです。

加賀藩の加賀の潘名は、石川県加賀市の大聖寺・山代(やましろ)あたりが元ですが、ここの山代の名が京都府の旧名である山城に転移しています。これは、山代にいた三尾氏の移動によります。この三尾氏は継体天皇の母系です。

島根県八束郡島根町にも加賀の地名があり、その北に「加賀の潜(くぐ)り戸」があります。また、佐賀県唐津市のカラツは「加羅の津（港）」を意味します。

このように、加羅・加賀の地名が日本海の海岸に広がっていますのは、大加羅がそこに広がっていたからです。

魏志倭人伝に、「郡（帯方郡）より倭に至るには、海岸にしたがいて水行し、韓国を経るに、南したり、東したり、その北岸狗邪(くや)韓国に至る七千里」とあり、「その北岸」とある「その」は船で最後に東行した海上の位置からの方向と見るべきで、韓国の南岸にあたります。魏志倭人伝は加羅と倭を区別するために、加羅には韓国を接尾しています。

西暦五十七年に倭の奴国(のこく)が後漢に奉貢朝賀したころに、志賀島あたりの奴国が倭国の南限であったのが、西暦二五〇年ころの卑弥呼時代には、倭国の北限に朝鮮半島は含まれなかったのです。

魏志、東夷伝、辰韓条に、「国は鉄を出す。韓・濊(わい)・倭、みな欲しいままに、これを取る。もろもろの市買はみな鉄を用う。中国で銭を用いるがごとし」とあるのは、魏以前のことで、ここにある倭は漢音のカと解釈すべきです。

カが拡大して筑前・加賀にまで及んで、大加羅となり、それが日向から侵攻して来た卑弥呼の祖先集団によって分裂し、北の加羅に漢音のカが残り、南の筑前に呉音のワが出来たのです。それは、筑前に呉音を使う人々が多かったからですが、加賀は漢音を使う人々が多かったので、カのままです。

日向を出発した神武天皇が筑前の遠賀川河口に立ち寄ったのは、卑弥呼の祖先集団の行動が紛れ込んでいるからです。

そうしますと、日向の高千穂に天降ったというのは、卑弥呼の父以前の出来事です。どこからかと言いますと、それは肥後からです。

天孫降臨記に、九州の日向の高千穂のクジフルタケに天降るとき、忍日命と天津久米命が、「此地者、向韓国、真来通笠沙之御前、而、朝日之直刺国、夕日之日照国也」と申し、底津岩根に宮柱を堅固に立て、高天原に屋根の破風を高く上げて居ましたと書かれています。

真来のマキは覓で、意味は「探し求める」ことだそうですが、覓には「横目で見る」という意味もあり、この場合は、後の解釈のほうが適切です。

また、「笠沙之御前」というのは、砂が海風で重なった岬のことですから、これだけでは位置を特定できません。

日本書紀は古事記の「笠沙の御前を真来通り」を「吾田（あだ）の長屋の笠狭崎に到る」とします。薩摩半島を阿多半島と言いましたから、これで、場所は薩摩半島と決まるのですが、「長屋」に相当する物が薩摩半島にはありません。

「長屋」を「長矢」としますと、それは博多湾沖の海の中道です。矢幹のことを篦（の）と称しましたから、このノが奴国の語源です。奴をナと読むのは間違いです。

つまり、日本書紀は博多湾岸からの天降りと、肥後か薩摩あたりからの天降りを、混ぜ合わせています。前者は大加羅王室の長矢に相当する博多湾沖にある海の中道東方から北越前東尋坊付近への天降りで、後者は肥後か薩摩あたりから日向への瓊瓊杵尊（ににぎのみこと）の天降りです。記紀にある天降りは日向への天降りですから、長屋というのは削除すべきです。

吾田というのは足駄が語源のようでして、大隅半島と薩摩半島の二つで、犬か熊の足のようになります。大昔は両方の半島が阿多だったらしいのです。タは下駄の駄のような用法です。

古事記は、明らかに、日向に天降った瓊瓊杵尊（ににぎのみこと）の天降りを書いています。つまり、古事記の天降り前の高天原は肥後か薩摩あたりにあったのです。

日向への天降り後は、日向三代につながりますが、その後の、神武天皇の日向発の東征は、筑前までが卑弥呼の祖先集団の筑前攻撃です。この攻撃によって、大加羅が瓦解しました。したがって、橿原で即位した神武天皇は日向を出発していません。

日本書紀が書く、長矢である海の中道を横目で通ったのは、海の中道東方の和白に居て、卑弥呼の祖先によって攻撃されて北越前の東尋坊あたりへ逃れた大加羅の首露（しゅろ）です。

こうしたことが分かりますと、「この地は韓国に向かい」とある韓国の意味が分かってきます。「この地」というのは日が直きに刺す日向ですから、肥後か薩摩あたりから来て向かっているところは、四国か豊後です。つまり、四国と豊後が当時、大加羅に含まれていたことが判明します。

九州の安曇郷は、和白の南にあった古代の地名で、当初は安曇をアトと読んだはずです。その語源は安東（あんとう）のようで、アントウがアトになり、更にアトがアヅチと呼称が変わって、近江の安土（あづち）になっています。

近江では米原の北に息長庄があり、允恭紀によりますと、允恭天皇の皇后の妹が母とともに坂田に住んでいました。記紀では、近江の息長庄あたりに関する記事はこれだけですが、ここから息長氏の史料は引き出せません。

国造本紀は、息長氏の祖先と考えられます三国国造家について、その祖先を孝元天皇の皇子、彦太忍信命（ひこふとおしまことのみこと）に求めています。しかし、皇子にその祖先を求める系譜は殆ど偽物です。

北越前の三国湊北にある雄島の大湊神社に、事代主（ことしろぬしの）神と少彦名（すくなひこなの）神が祭られていますし、畿内の綴喜（つづき）郡では、朱智・息長・三国三家が朱智神社を祭っていました。朱智の朱は人偏が省略されており、侏はコビトを意味しますから、息長氏の祖先は少彦名神らしいのです。

そうしますと、建内宿祢九人の中の末尾の若子宿祢が少彦名神ということになります。

一般に少彦名神は大己貴（おおなむちの）神と対だとされますが、事代主神と対だとする見方も成り立ちますし、事代主神は垂仁天皇の皇祖のようです。

延喜式（えんぎしき）神名帳に、「宮内省に坐す神三坐のうち韓神（からかみ）二坐」とあり、残りの一坐は園神ですから、韓神二坐が事代主神と少彦名神です。この両神が韓神二坐であり、韓神二坐が協力して国を立てたとするのは、大加羅国から分国した大加賀国のことです。

息長氏の祖先の少彦名は大加羅の首露の随身者だったのですが、息長氏は後述のように百済からの渡来人です。

神代記に大年神の神裔が書かれ、大国御魂（おおくにみたまの）神の弟として、韓神と曾富理（そほりの）神が紛れ込んでいます。この弟神の二神が韓神二坐で、「ソホリ」というのは「付き添い」の意味です。ただし、韓神二神は大国御魂神の弟ではありません。

事代主神が祭られていますし地名の安島（あんとう）からしますと、事代主神は太白山南の安東と加耶経由です。しかし、少彦名は百済経由です。

事代主系の東遷経路
安邑の東↓鴨緑江河口の安東↓太白山南の安東↓加耶↓和白↓北越前の安島↓大和
卑弥呼系の東遷経路
安邑↓会稽東冶↓加耶↓肥前↓肥後↓（薩摩）↓日向↓筑前↓伊予↓大和

1-6 会稽東冶の東

夏は支那最古の王国で、初代の禹は黄河の治水に成功し、諸侯の信望を得て天子の位につき、夏后氏を称して安邑に都をおきました。それから十年後に禹は東巡して会稽に至り、そこで死亡しました。

その子孫の勾践は紀元前四九六年に呉王闔閭と戦い、闔閭を戦死させましたが、闔閭の子夫差は父の仇を討とうと、公践を会稽に囲んで降伏させました。勾践は臥薪嘗胆、遂に紀元前四七三年に夫差を破って呉を滅ぼし、会稽の恥をそそぎました。

国土もいまの浙江省と江蘇省の全域のほか、山東省の一部に及びましたが、紀元前三三四年に楚に攻められ、越人は離散しました。

魏志倭人伝に、会稽に封じられた夏后五代目の小康の子と、倭国の男子とが、刺青の点で似ていることを書いたあと、「その道里を計るに、まさに会稽東冶の東にあり」とありますが、倭国は会稽の東ではなく、東北東にありますので、日本列島を南に移動したり、会稽東冶を北に移動したりして、いろいろ工夫を凝らした説が出ています。

　筆者が考えますと、「その道里を計るに」に謎解きのヒントが隠され、この文は「その道理を計るに」を兼ねています。倭を委としたり、侏を朱とするように、旁だけにすることは、よくあることで、謀られている道理が分からないと、謎が解けないのです。

　「会稽東冶の東」の中の二字の東に注目すれば、この仕掛けが分かります。東冶という地名は冶という地名に対して東のほうにあるから、付けられたのでしょうが、それが真東ではなく、北寄りで、その北寄りの方向に、倭国があると言うのです。

　会稽の南に東陽という地名があり、東陽郡という郡名もあります。この東陽が昔の東冶らしいのです。冶には溶解・飾る・なまめかしい女態の意味がありますが、もう一つの意味のキラキラ輝くのは陽と同じです。

　東陽郡の治所（官庁所在地）は、二六六年に会稽郡から東冶郡が分郡された当初から、東陽の西南西約百キロにある金華です。つまり、この金華が冶であり、この冶の東に東陽があるけれど、真東ではなく、北に寄っています。この北寄りの方向に倭国があると書いているわけです。

　呉志十五に「会稽東冶五県の賊」と書かれ、この会稽東冶五県」が二六六年に東陽郡になったらしいのです。

　東冶または東冶は三国史の魏志に二箇所、同呉史に七箇所あって、三国志に五種類があるので、合計四十五箇所あり、その半数を上回って治と書かれているそうです。

治は越王勾践が治鋳をしたところで、漢の武帝がこの付近を平定して治県を置き、古城は治山の麓にありました。ここは、台湾北端の真西より幾らか北にあります。

読史方輿紀要の福州府侯官県の条に、「よりて立てて治県となす。治は漢史が誤って治に作る。あるいはこれを東治という」と書かれていますから、南の福洲のほうにも東治があったのです。この東治と区別するために、北の会稽のほうの東治を会稽東治としたわけです。

1-7　次の国へ到る方向と距離

魏志倭人伝は各国から次の国へ到る方向にも謎をかけ、各国の案内人の駐在地から、先ずどちらへ向かって出発すかを示しています。

上陸地の呼子から伊都国（いとこく）の徳永（督江の好字）へ行くには、博多湾を迂回して唐津の方に向かいますから、この方向の東南を書いています。

一大率が治した伊都国の都が徳永であり、徳永が督江の好字であることは、南北朝動乱のときに、越前から加賀へ逃れた斯波高経（しばたかつね）を援護して、能登の豪族である得江頼員（とくえよりかず）が越前に入り、得江軍記なるものを残していることで分かります。博多湾岸と能登との関係は前述しました。

伊都国から奴国へも東南ですが、伊都国での立寄地が徳永北方の今津橋あたりにあり、今津湾を迂回したから東南なのです。

奴国から不彌国への東は、奴国の立寄地が多の津付近にあって、犬鳴山南の峠に通じる谷の入口に向かったからです。


距離については、国境までです。それは、国境で案内人が次の国の案内人と交代したからです。この案内人を魏志倭人伝は末盧国を除く小さな国の副である卑奴母離と書いていますが、ここでも奴をナと読んで、鄙びたところの国守だろうと、殆どの論者が推測しています。

梭は織物を織るとき横糸を通すために使うドングリの形をした道具で、往来のはげしさを表します。この梭が卑奴母離の卑です。

角川漢和中辞典によりますと、魏尺は二四一・二センチで、一里は三百六十歩、一歩は六尺ですから、一里は五百二十メートル五十六センチです。しかし、魏志倭人伝はこの六分の一の一町を以て一里としています。そうしますと、一里は八十六メートル八十三センチです。

この尺度で測った国境の結論を書きますと、末盧国と伊都国の境は佐賀県と前原市の境、伊都国と奴国の境は中央区と博多区の境、伊都国と不彌国の境は糟屋郡と鞍手郡の境でして、不彌国の名残りとして鞍手郡宮田町に生見の地名があります。この不彌国を当てている邪馬台国論は一つもありません。

1-8　三尾氏・物部氏等の祖先地

垂仁天皇の玉城宮は纏向にありました。垂仁紀三十四年三月条によりますと、垂仁天皇が山城に行幸されたとき、側近の者が「この国に佳人あり、綺戸邊と申す。山城大国の不遅の娘なり」と奏上したので、天皇は綺戸邊を後宮に入れ、石衝別王が生まれ、その子孫が羽咋君・三尾君の祖先です。また、上宮記につぎの系譜があります。

垂仁天皇―偉波都久和希（石衝別王）―偉波智和希（羽咋国造）―伊波己理和希―麻加和介―大兄彦君（加賀国造）・阿加波智君（弟）―乎波智君―布利比売

この系譜で、羽咋国造から加賀国造へと変わっていることに注目すべきで、これが正しく、垂仁紀とは移動経路が逆です。

相楽郡山城町に綺田の地名があり、ここが垂仁時代の三尾氏の居所でした。古事記は不遅を淵と書いていますから、垂仁紀の不遅は縁（ふち）のことです。つまり、山城大国の淵という名は山城国の南端を指します。

三尾氏の始祖の石衝別という名は、岩が衝立のように立っているところで、それは能登半島の能登金剛あたりの海岸で、羽咋市の東南東に三尾の地名があります。三尾氏は地方の豪族として知られていますが、三尾氏のみならず、多くの大和豪族が能登・加賀・北越前の地から発祥しています。

羽咋市と能登金剛の間に志賀町があり、博多湾の志賀島との関連がうかがえ、博多湾岸から能登半島へ古代氏族が移住した経過が窺えます。

相楽郡の綺田（かにはた）は木津川の東岸にあり、熊野本宮の主神祭は家津御子（けつみこ）神です。主祭神のケツは木津川のキツに通じますので、熊野本宮の主祭神は山城の木津と関連があり、木津川に関係する筏の職人たちが祭った神様のようです。

綺田の南で木津川の曲り角南に、木津の地名があります。また、奈良県の吉野村にも木津・木津川・三尾の地名があり、熊野では瀞八丁の南に熊野川に沿って木津呂の地名があります。それらの原郷を探りますと、石川県河北郡七塚町に木津の地名があります。ここは内宿祢の原郷である内灘の北々東近くで、三尾氏の原郷である能登半島南部中央の三尾の西南にあたります。

このように、三尾氏は木津と関係し、山城南端・東吉野・熊野の木津などに居たのは、建内宿祢九人の子のうちの五番目にあたる木角宿祢（きつのすくね）の系統のようです。つまり、木角宿祢の子孫が、筏の仕事を通して、山城南端から東吉野・熊野へと、開拓していったのです。

木角宿祢を一般にキノツヌノスクネと振り仮名しますが、これでは意味が通じません。キツノスクネと振り仮名すれば、「木津の宿祢」となって、意味が通じてきます。

開化記にある息長系譜に、大祁都比賣（おおけつひめ）・小祁都比賣の名があります。この系譜は偽物なので、この姉妹あたりは信用できませんが、祁都は木津なので、山城国の南端付近で、息長氏が、熊野を開発した木角宿祢と、親しい関係にあったことが分かります。

木角宿祢に白城宿祢・千熊宿祢・田島宿祢の三人の男子があったという系譜が太田亮著の姓氏家系大辞典に載っています。白城宿祢の白城を新羅と見る見解があり、木角宿祢は新羅系らしいのです。建内宿祢はもとより、田島宿祢にしてもそうで、田島宿祢は但馬宿祢で、但馬宿祢は新羅王子日矛のあとを称しました。

この「木津の宿祢」というのが、橿原で即位した神武天皇の系統で、千熊宿祢・但馬宿祢の祖先と見るのが妥当です。

木角宿祢については、孝元記に木角宿祢は木臣（きのおみ）・都奴臣（つののおみ）・坂本臣の祖とあります。しかし、木臣を除いて疑問があり、都奴臣、つまり、角臣は、北越前に三国の一国として豊国の南々西にあったと思われる角国発祥らしいのです。えちぜん鉄道が南から九頭竜川を渡るところに中角（なかつの）駅があり、足羽川が日野川に合流する付近に角折（つのおり）の地名があり、その南々東で大土呂（おおどろ）の南に角原（つのはら）の地名がありますから、この付近に角国があったらしいのです。

雄略紀九年五月条に、小鹿火宿祢（をかひのすくね）に関して、「この角臣（つのおみ）等、初め角国に居り、角臣と名付けらるること、これより始まる」とありますが、この記事の角国は周防（すほう）の角国です。しかし、小鹿火宿祢の小鹿火は物部麁鹿火（もののべあらかひ）の麁鹿火に対応しており、小鹿火の由来地は北越前の角国にあったはずです。

周防に角国があるのは、天津彦根命の後裔に周防国造があったのと関係しているようで、越前からの転移らしいのです（二十五ページ参照）。

古事記の息長系譜

日矛―モロスク―タジマヒネ―ヒナラキ―ヒタカ―葛城高額比賣

開化天皇　　丹波の遠津臣の娘、高材比賣　　┬息長帯比賣（神功皇后）

┬日子坐王　┬山代の大筒木真若王　┬迦迩米雷王　┬息長宿祢王

大祁都比賣

小祁都比賣　├伊理泥王―丹波の阿治佐波毘賣

景行記に「膳大伴部を定めぬ」とあり、景行紀五十三年十月条にも「膳大伴部を賜う」とありますから、もともと大伴氏は膳に携わっていたわけです。

神武天皇即位のときに、大和入りに功績があった劒根が葛城の地を貰い、大伴氏に率いられた阿手仙が橿原南の久米の地を貰いました。地名が久米になったのは、阿手仙に代わって久米氏が後にこの地に入ってからのようです。この阿手仙が安曇仙のように言われています。

神武天皇から葛城の地を貰った劒根の発祥地は、白山西方を流れる手取川が山間部から出るところにある鶴来らしいのです。つまり、劒根と大伴氏は加賀の白山系です。白山については後で説明します。

ここで注意を要するのは、橿原で即位した神武天皇は日向を出発していないことです。記紀は異系統の日向三代と神武天皇を直結しています。また、久米歌は、歌われている経路からしますと、神武天皇の大和入りのときの歌ではなく、垂仁天皇の大和入りのときの歌です。

博多湾の志賀島にはアドメイソラが住み、貝殻や藻が顔や身体にいっぱい着いていて、まことに汚い様子であったという言い伝えがありますから、志賀島から発祥した石上(いそのかみ)物部が祭ったのが石上神宮らしいのです。現在、石上神宮は石上町ではなく、布留町にありますから、奉斎者が石上物部から布留物部に代わったようで、本来の神はアドメイソラの神らしいのです。

福井県吉田郡上志比村石上(いしがみ)に、サンサンホームという新宗教団体の道場があり、ここで、女性教祖が女陰石に丸が二つ刻まれた岩を掘り当て道場を開きました。

この教祖は、ここに居た古代氏族について、三国湊に上陸した氏族が金津付近を経て南下し、さらに九頭竜川の谷間をさかのぼったと説明します。また、丸二つについては、信者のある男性が、太陽と月ではなく、太陽と太陽だと述べています。それで、サンサンホームの名を付けたらしいのです。

筆者の推論では、上志比村のイシガミは大和のイソノカミの原点であり、二つの丸はアドメの神とイソラの神らしいのです。つまり、ここはアドメイソラ族の滞在地だったようです。

果たして、九頭竜川を隔てた対岸に栃原の地名があり。ここが大和の石上神宮の神庫の管理を任せられた物部(もののべ)十千根(とちね)大連(おおむらじ)の祖先地のようです。十千根のトチは栃原のトチで、根は禰宜(ねぎ)のネです。

垂仁三十九年十月に五十瓊敷命(いにしきのみこと)が茅渟(ちぬ)の菟砥(うと)の川上で劒(つるぎ)千口を作り、忍坂(おしさか)に蔵しました。それから、これらの劒を石上神宮に移し、五十瓊敷命が神宝を司りました。同八十四年に、年老いたので、妹に委ねようとしましたが、手弱い女では神庫に登ることが困難なので、物部十千根大連が神宝を奉斎しました。この物部栃爾は饒速日命(にぎはやひのみこと)の後裔ではなく、大加羅系で、このとき以来、泉南の茅渟と北越前とがつながっています。

上志比村石上下流の古市は、大和の布留(ふる)物部の祖先地で、上志比村の古市の市は大和の市川として大和に転移しています。

上志比村の古市の南にある志比谷の奥に荒谷の地名があり、ここは物部麁鹿火(あらかひ)の祖先地です。なぜならば、荒谷の荒は麁で、谷は熊谷(くまがい)の谷(かい)で、それが鹿火(かひ)です。

また、物部五十琴宿祢(いことすくね)の五十琴は、志比谷西の吉野谷奥にある長田城跡の台地が多くの琴のように多段の崖で囲まれていることによるようです。つまり、この宿祢は長田宮、後の穴穂宮の近衛隊長だったのです。

履中紀二年十月条によりますと、その子の伊己弗(いこふつ)は履中天皇の大連(おおむらじ)でした。

古市の南で荒谷がある谷の入口に諏訪間(すわま)の地名があり、この付近の物部氏は大隅半島の諏訪から発祥した饒速日命の後裔であることが分かります。

大隅半島の諏訪については後述しますが、崇人天皇の国譲り要求に反対した建御名方(たけみなかたの)神の分派が北越前に逃れたのです。

日本書紀は日向を出発した神武天皇が生駒山を越えて大和に入ろうとするとき、饒速日命(にぎはやひのみこと)の臣下である長髄彦(ながすねひこ)が反撃して、天皇の兄の五瀬命が負傷したことを書き、饒速日命を物部(もののべ)氏の祖先とします。

これに対し、古事記は長髄彦(ながすねひこ)の妹である登美夜毘賣(とみやひめ)が饒速日命の妃となって生まれた子の宇摩志麻遅(うましまち)を物部連(むらじ)の祖先としますが、実際は、生江氏が物部連の祖先なのです。このほかに、北越前古来の栃物部・石上(いそのかみ)物部・古市(ふるいち)物部があり、北九州の遠賀川(おんががわ)流域から大和と河内の境に移動した物部氏もあります。

博多湾東方の安曇(あと)は奴国の中心地でした。多くの人は奴国の奴をナと読んで、奴国の中心地を博多湾南岸の「那の津」にあてています。

亀井南冥が奴は助詞のノであると指摘したように、奴国の奴はナではなくノです。矢幹のことを古代に篦(の)と称したことから、志賀島の東に細長く延びている「海の中道」が篦に相当します。

能登半島のノトは、安曇のアドと同じく、ノに所を表すトが接尾された語で、大氏族が博多湾付近の奴国(のこく)から能登半島に移住したことを示していまして、ノが転移しているわけです。

アトのアについては、魏志韓伝に、「辰韓(しんかん)は馬韓(ばかん)の東にあり、古老の言い伝えによると、秦(しん)の暴政をさけて韓国へ逃れてきた亡命者を、馬韓はその東を分割して住まわせた。その言葉は楽浪(らくろう)郡や帯方(たいほう)郡の人が話すような河北省や山東省の方言ばかりでなく、長安地方の言葉のようである。楽浪郡の中国人を辰韓人は阿残と呼ぶが、阿というのは東方の方言では自分のことである。すなわち、楽浪郡の人たちは自分たちの残余の人だという意味である。それで、いまも辰韓を秦韓と書くことがある」と書かれています。

秦の始皇帝が中国を統一したのは、紀元前二二一年の大昔です。洛陽とその西の西安の間に、黄河を治水して王となった夏の禹の都、安邑があったらしく、加羅の中にあった安羅の地名は安邑にちなむようです。

夏は秦よりもっと古くにあった幻の王朝です。夏の都、安邑は西安の東にありました。安羅を含む加羅は夏にちなみ、北陸の加賀は加羅にちなむとみて間違いありません。

福井県坂井郡三国町安島の雄島に大湊神社があり、事代主神が祭られています。垂仁天皇の皇祖はここに祭られています事代主神らしいのです。

安島のアントウは安邑の東を意味する安東に通じ、鴨緑江河口北側と太白山南に安東の地名がありますから、事代主神の渡来経路は、安邑から旧満州と北朝鮮との境の海岸付近を通って、太白山南麓を経由したらしいのです。

また、加賀の白山は太白山にゆかりがあります。韓国の古代史である三国遺事によりますと、天の神である桓因の子の桓雄が天から地上に降りたところが太白山の頂上で、桓雄は地上の女性熊女と結婚して桓君が生まれ、この桓君を韓国人は民族の始祖であり建国者であると信じ、桓君系統の人民が住むところには地域ごとに各々大小の白山があるそうです。

加賀の白山はその一つで、この白山の西方を大日川が流れ、その源流が大日山です。大伴氏の祖先として大日山と同じ名の大日命が伴系譜にあり、大伴氏は桓君のあとらしいのです。

奈良県吉野郡西吉野村にも大日川が流れ、ここは大伴氏の畿内での滞留地だったようで、吉野川とその下流の紀ノ川流域に大伴氏が散在し、狩猟を仕事にしていました。

粉河寺は狩人であった大伴孔子古(くしこ)が創建した寺です。また大海(おおしあまの)皇子が挙兵するため美濃へ向かうとき、大宇陀の春日を過ぎて、狩人二十余人を率いた大伴朴本連(えのもとむらじ)大国に遇いました。

大伴氏と同じく加賀の白山北方の鶴来が原郷の劒根(つるぎね)も太白山経由で、この二氏に支援されて大和入りした神武天皇の祖先も太白山経由です。

加賀の白山西方を流れる大日川流域に阿手の地名があり、和歌山県有田郡は八〇六年七月七日以前は阿氐(あで)郡で、有田川を足弖(あて)川と称し、万葉集巻七に「足弖(あて)過ぎて、糸我(いとが)の山の、桜花、散らずあらなん、帰り来るまで」があります。

神武東征紀に阿太には鵜飼部の始祖がいたと書かれていますが、阿太の地名が出来たのは、建内宿祢が神功皇后とともに九州から帰還した後のようであり、阿手とは無関係らしいです。

橿原で即位した神武天皇の随身だった大伴氏は阿手氏を従えていたようで、橿原の南にある久米の地は、もと阿手氏が神武天皇の大和入りに功績があって拝領していたらしいのです。それが、崇神天皇の国譲り要求によって、崇神系の久米氏と入れ替わったみたいです。伊予に久米の地がありますし、崇神天皇は伊予から大和入りしました。

崇神王朝を倒した垂仁天皇の諱(いみな)は伊久米伊理毘古伊佐知(いくめいりひこいさち)で、イクメは大久米、イリヒコは入彦、イサチは大シアワセですから、全体では「大久米に居候した大変幸せな男」ということになります。

この大久米というのが、久米氏を率いた三尾氏であり、そのときの居所は、前述した木津川がある東吉野です。

三尾氏の原郷である能登半島南部の三尾の地の東南に、小久米・久目の地名があり、久米氏と三尾氏の関係を知ることが出来ます。この久米氏は伊予の久米氏とは違います。

古事記の国譲りのなかに、「熊野の諸手船（もろ）に使者を乗せ、魚捕りに出雲の美保関へ行っていた事代主神を呼びよせて聞くと、国を忍穂耳（おし）に差し出すことを承知し、その船を傾けて、天逆手（あまのさかて）を打って、船をくつがえし、青柴垣にかえて、そのなかに隠れてしまった」と書かれています。この事代主神が垂仁天皇であり、国譲りを要求したのが崇神天皇です。

崇神天皇の行燈（あんどん）山古墳の築造は四世紀初めとされていますから、それより幾らか前の出来事ですが、このころでさえ神話になっています。

そして、その逆襲の戦勝歌が、神武東征紀記に書かれている久米歌です。久米歌は宇陀の弟宇迦斯（おとうかし）が献上した大饗（おおあえ）がすべて部下に配われたときの天皇軍が歌った歌から始まり、忍坂（おしさか）の大室屋（おおむろや）での歌があり、登美彦（とみひこ）を撃つ歌がこれに続き、磯城（しき）の兄弟を攻める歌で終わります。

熊野からの古事記の神武東征経路は吉野川下流の阿陀ですが、日本書紀の経路は東方の宇陀下（うだのしも）縣（あがた）です。この宇陀下縣は三尾系久米氏の本拠だったようで、宇陀のウはネ・ウシ・トラ・ウのウで、東をさします。崇神天皇の強引な国譲り要求によって、宇陀は崇神傘下の宇迦斯兄弟に占拠されていました。

卑弥呼の宗女（宗家の娘）であり、崇神天皇の祖先の娘にあたる壱与（いよ）は、十三才で倭国の女王となり、二六六年に行われた晋（しん）の武帝の即位慶賀に使者を派遣しました。そうしますと、崇神天皇は壱与の世代の二ないし三代あとの天皇ということになり、壱与は伊予が語源ですから、崇神天皇は伊予から国譲りを要求したわけです。

二三九年に洛陽へ行った使節団の副団長の都市牛利（としぎゅうり）はトシクリであり、これは年をくったという意味です。この副団長は大国御魂（おおくにみたまの）神の父である大年神であり、大国御魂神の娘が壱与にあたります。

大国御魂は天照大神とともに崇神天皇の宮殿に祭られていましたが、合わせ祭るのは良くないので、別々のところに遷座され、大国御魂神は大和の地神として大和神社に祭られました。

しかし、これでは本来の大和の神は怒ります。百熊姫は本来の大和の神である三輪の大物主神を祭りきれずに、自ら死んでしまいました。そればかりか、崇神王朝は垂仁天皇の逆襲を受けて滅びました。

崇神八年十二月条に「いわゆる大田田根子は今の三輪君等の初祖なり」と書かれています。また、垂仁三年三月条に「三輪君の祖大友主」とあり、これらによりますと、三輪氏は志賀の大友氏がその祖先です。

三輪山の北麓に穴師の地名があり、三輪君の経由地は志賀高島の高穴穂のようです。この高穴穂は北越前吉野谷島村の穴穂に先行し、高島の高穴穂が島村の穴穂の元らしいのです。

果たして、高島の安曇川河口北岸に太田の地名があり、ここが大田田根子の原郷です。ここには、アド系とアナ系が混在しますが、大友主を祖とする三輪氏はアナ系です。

能登半島南部の羽咋駅東方にも大田の地名があり、大田田根子の祖先地だったようです。

北九州の安曇(あづみ)について、太田亮氏は姓氏家系大辞典で次のように述べています。

アヅミは海積(あまつみ)の約で、海部の長であったことによる称のようで、積は山積・出雲積・鰐積などの称と同様に、原始的カバネのひとつで、君・主・長などの語に相当するものである。この発祥は筑前国糟屋郡安曇郷であろうと考えられる。安曇は漢史に奴国あるいは倭奴国とある地の中心と思われる。すなわち、安曇氏ならびにその配下にあった海部の民は海洋大氏族であったから、早く各地に航海殖民すると同時に、朝鮮・支那と通商し、その文化を摂取したので、その富は天下に聞こえ、その宮殿のごときも当時としては壮麗をきわめ、他民族の目を驚かせた。

北九州の安曇をアヅミと読むようになったのは後世のことで、もとはアトと称されていたらしく、志賀島をシカノシマと読むように、北九州では清音でした。志賀島(しかのしま)の志賀も琵琶湖西岸に転移して濁音になり、シガの地名になって安曇川(あどがわ)の琵琶湖寄りに存在します。

志賀島の海神社に祭られています神は綿津見(わたつみの)神で、神主はアヅミ姓です。神代記に「アヅミムラジ等は綿津見神の子、宇都志日金拆（うつしひかねさく）の子孫である」と書かれています。

　つまり、アト氏とかアド氏はアトメイソラの神を祭り、アヅミムラジは綿津見神を祭ったので、両氏族は別々で、前者は大加羅系で、後者は大加羅系を駆逐した卑弥呼系のようです。

　卑弥呼の祖先が倭国を統一して、筑前に入るとき、大加羅系は退去し、北陸ばかりでなく、畿内にも逃れ込み、遠賀川流域の氏族が物部氏として大和と河内の境付近に移住しました。これは遠賀川流域が投馬（つま）国であったことを示します。ツマ国というのは妻の国なので、夫である邪馬台国に付き添っていなければなりません。つまり、遠賀川の上流か、その支流の上流に、邪馬台国があったのです。


　一七八四年二月二十三日に志賀島の叶崎（かのうさき）で、灌漑用水路の流れが悪いので、甚兵衛が仕直そうとして、岸を切り落とすと、小石が次々に出てから、二人持ちほどの石があり、それを梃子で掘り起こすと、石の間に光る物があり、取り上げて水で洗ってみると、金の印判のようでした。甚兵衛の兄喜兵衛が以前奉公したことのある福岡町家衆へ持って行って見せると、大切な物だと言われたので、もとの位置に戻しておきました。三月十五日に庄屋から郡役所へ差し出すように言われたので、庄屋・組頭を通して郡役所の津田源次郎宛に差し出しました。

　黒田藩学者は「委奴国は日本をいやしめた語で、日本は神国であるのに、奴僕の奴の字を加えたのは不満で、漢委奴国王は我が国を漢の属国とし、我が神国を冒涜するに似たことであるから、取り上げる物ではない」と反対しました。

亀井南冥が「奴は助詞のノであり、日本から膝をかがめ手をついて属国になったのではなく、漢から推して属国に致したからといって、何の害も恥辱にもならないではないか」と申しましたので、金印は鋳つぶされず、藩公に届けられました。

亀井南冥が申したように、奴国の奴の訓はノです。それなのに、魏志倭人伝にある奴国をナコクと読んで、平気で邪馬台国が論じられています。この奴国のノが能登半島のノになって、北陸に転移しています。これは氏族の移動によるものです。

後漢書東夷伝に「建武中元二年（西暦五七年）倭の奴国奉貢朝賀、使者自ら大夫を称す。倭国の極南界なり。光武賜うに印綬を以てす」とあります。この印綬が志賀島から出土した金印らしいのです。

魏志倭人伝に奴国の長官の名としてシマコがありますが、このシマは志賀島を指しています。つまり、安曇に王家の居所があり、祭祀地である志賀島に王家の未婚の娘を祭祀者として派遣していたのです。すなわち、シマコというのは祭祀者なのです。

大和の三輪山の北麓に穴師という地名がありますから、三輪の大物主神はこの穴師と関係があり、能登半島の穴水に始まって、北越前山奥の穴間、志賀の高穴穂、大津の穴太(あのう)の延長として三輪山北麓の穴師がありますので、志賀の大友氏も元は大穴持(おおあなもち)神を奉斎したようで、三輪山の大物主神は大穴持神の和魂(にぎたま)です。しかし、祭り方が悪いと、荒魂(あらたま)になる御性格です。

出雲国造神賀詞(くにのみやつこかむよごと)は出雲の大穴持命が「己の和魂(にぎたま)を大物主櫛甕玉命(くしみかたまのみこと)と称して大御和(おおみわ)の神奈備(かむなび)に坐(ま)させ」と申したことを述べています。

日本書紀は大物主神を大己貴(おおなむち)神の和魂としますが、大己貴神と大穴持神を同一神としています結果であり、両神は区別すべきです。

大穴持神の穴は、安康天皇の穴穂宮で分かりますように、谷ですから、この神の名は大きな谷の所有者を意味します。北越前では長田のように長谷が長田に変化していますから、大谷も大田に変化します。大物主神が「大田田根子に我を祭らわしめ」と託宣したもうた理由です。

出雲には大穴・大田に類する目立った地名はなく、隣の石見(いわみ)に大田があります。

大穴の源泉を探りますと、黄河上流の谷間にその源泉があり、そこに、幻の王朝である夏后(かこう)の建国者禹(う)の都、安邑(あんゆう)がありました。

百襲姫(ももそひめ)は聡明で叡智があり、未然を知る能力もありました。吾田姫がひそかに香久山の土を取り、肩掛けの端に包んで祈っていました。その怪を解いてから間もなく、百襲姫は大物主神の妻となりました。大物主神は昼は見えず、いつも夜だけ来たので、妻は夫に「いつも昼に見えないので、顔を見たことがありません。お願いだから、しばらく留まってほしい。明朝、美しい姿を見たい」と言いました。大物主神は「もっともなことである。明朝、私はあなたの櫛箱に入っていよう。私の姿を見て驚かないでください」と答えました。妻はひそかに怪しみましたが、夜明けに櫛箱を開けてみると、誠に美しい小蛇がいて、その太さ長さは衣の紐くらいでした。そこで、驚いて思わず叫んでしまいました。大物主神は恥じて、急に人の姿に変わり、「あなたは忍ばずして、私に恥をかかせた。私は帰って、あなたに恥をかかせよう」と言って、大空を踏んで三輪山に帰ってしまいました。妻は仰ぎ見て後悔し、箸を陰部に突いて死んでしまいました。

2　倭の五王から武烈天皇まで

2-1　履中と仁徳の年代逆転

平成六年十月二十六日付毎日新聞が報じた記事によりますと、履中陵（りちゅうりょう）の円筒ハニワ片に黒い斑があるので、野焼きされたとみられ、五世紀初めのハニワであるのに対し、仁徳陵（にんとくりょう）の円筒ハニワの大半は穴窯焼きなので、五世紀後半らしく、五世紀後半の奈良ウワナベ古墳のハニワよりは古いようで、五世紀中ころの可能性もあるそうです。

これに対する反論も根強く、決着はついていません。しかし、仁徳と履中の年代逆転は履中である倭の五王筆頭の讃の遺使年代からしますと事実ですので、仁徳・履中時代の日本史は大きな再編を余儀なくされています。

記紀の系譜

仲哀天皇―応神天皇―仁徳天皇┬履中天皇
　　　　　　　　　　　　　├反正天皇
　　　　　　　　　　　　　└允恭天皇┬安康天皇
　　　　　　　　　　　　　　　　　　└雄略天皇

真実系譜

神功皇后┬履中天皇（誉屋別皇子、越前育ち）―不詳―市辺押磐皇子―顕宗天皇・仁賢天皇
　　　　└応神天皇（誉田別皇子、九州生まれ）―仁徳天皇―大草香皇子
弟姫―反正天皇（瑞歯別皇子、越前育ち）―允恭天皇―安康天皇・雄略天皇

景行記の系譜

倭建命
　┬息長田別王―杙俣長彦王┬飯野真黒姫命
一妻　　　　　　　　　　　├息長真若中姫（神功皇后）
　　　　　　　　　　　　　└弟姫

注記　息長真若中姫が神功皇后で、履中天皇と応神（おうじん）天皇を生みました。履中天皇を生んだというのは新説です。

これも新説ですが、反正天皇は弟姫が仲哀天皇の妃になって生まれた皇子です。景行記によりますと、飯野真黒姫は若建王の妃で、大中彦王を生みました。若建王の父は日本武尊で、母は弟橘姫です。

古事記は弟橘姫を穂積氏の娘としますが、穂積氏は日本武尊の東国征伐に随行しておらず、随行したこの姫は橘連の娘で、橘連は日本武尊の東国征伐に随行した大伴氏の族で橘部の伴造でした。その本居はいまの東大阪市立花町にあったようです。

履中天皇である倭の五王最初の讃の没年は、五王の遣使年代から推定しますと、西暦四三〇年頃なので、前に述べました履中陵の年代と一致します。

記紀では履中天皇は仁徳天皇の第一子、反正天皇は第三子、允恭天皇は第四子です。

記紀の間違った系譜

神功神皇后─応神天皇─仁徳天皇┬履中天皇
　　　　　　　　　　　　　　　├住吉仲皇子
　　　　　　　　　　　　　　　├反正天皇
　　　　　　　　　　　　　　　└允恭天皇

この年代逆転現象は何故起きたか。その答は甚だ簡単です。万世一系の皇譜を作りあげることが第一目標だったからです。ですから、鼎立していた皇統が一本化され、応神―仁徳の皇統が先に配置されて、仁徳の後に伯父の履中が置かれたのです。

　こんな甚だ簡単なことが、歴史家たちに理解されずに経過しています。狭い畿内で皇統が並立ないし鼎立するはずはないと、決めてかかるからで、盲点がそこにあるわけです。

　外部からみますと、仲良く鼎立していたのが、段々と不仲になり、遂に骨肉の争いになるという経過をたどり、そのうち一本化されるという過程を考える柔軟さに欠けています。

2-2　倭の五王

　五世紀前半から六世紀初頭にかけて、東晋（とうしん）・宋・南斉・梁（りょう）に遣使し、倭国の王として中国史書に名を残した讃・珍・済・興・武の五人の王がいました。

　南史によりますと、讃が四一三年に東晋の安帝に遣使し、宋書によりますと、讃が四二一年に宋の武帝に遣使しまして、自称は不明で、「除授を賜うべし」とありますが、何の称号を得たかは不明です。さらに、同書は四二五年に司馬曽達を遣わして宋の文帝に上表貢献したことを伝えています。

　珍は四三八年に宋の文帝に遣使し、「使持節・都督倭百済新羅任那秦韓慕韓六国諸軍事・安東大将軍・倭国王」を自称しましたが、宋からは「安東将軍・倭国王」のみを得ました。

済の自称は不明で四四三年の遣使では「安東将軍・倭国王」にすぎなかったのですが、四五一年に宋の文帝から「使持節・都督倭新羅任那加羅秦韓慕韓六国諸軍事」を加えられました。

興が四六二年に宋の孝武帝から得たのは「安東将軍・倭国王」のみでした。

武は宋書によりますと、四七八年に宋の順帝に上表文を提出し、「使持節・都督倭百済新羅任那加羅秦韓慕韓七国諸軍事・安東大将軍」を自称し、百済を除いて叙任され、南斉書によりますと、四七九年に南斉の高帝によって鎮東大将軍の称号に進み、南史によりますと、五〇二年に梁の武帝即位に際して征夷大将軍の称号を授与されました。

使持節の節は皇帝の命令・権限の分与で、都督は軍事統率権のことです。安東将軍は倭王自ら称した肩書きだったようで、この肩書きは倭王が福井県坂井郡三国町安島(あんとう)の雄島に祭られている事代主系であることを示しています。安島の訓は安東の訓と同じだからです。

武の上表文に「高句麗(こくり)が無道で、百済を征服しようとし、国境を侵略し、亡父の済は中国への道が閉ざされたのを怒り、百万の兵が義声に感激し、まさに大挙出動しようとしたが、急に父と兄が死亡し、云々」とありますから、武の父は済、兄は興です。

この上表文に讃と珍のことが記されていませんから、讃・珍は武とは別王朝だろうという論がありますが、梁書倭伝に「彌が死んで子の済を立てた」とありますから、讃の系統と済の系統とは同じ系統です。

また、宋書倭国伝に「讃死して弟の珍立つ」とあり、梁書倭伝に「讃死して弟の彌立つ」とありますから、彌は珍のことです。珍は反正天皇で、その諱はミズハワケです。この第一字のミが彌になっています。

讃は履中天皇で、神功皇后が敦賀を船出するとき実家に預けた品夜和気(ほむやわけ)皇子です。仲哀記によりますと、息長帯姫をめとって生まれた皇子に品夜和気と大鞆和気(おおともわけ)があり、大鞆和気が応神天皇です。

梁書倭伝の系譜

讃
彌―済―興
　　　　└武

新説ですが、景行記に息長真中姫の妹に弟姫があり、仲哀紀に「来熊田造(くくまたのみやつこ)の祖大酒主の娘弟姫をめとりて誉屋別(ほむやわに)皇子を生む」とあります誉屋別皇子が彌であり、珍でもあり、それが反正天皇にあたり、この天皇の諱(いみな)は瑞歯別(みずはわけ)です。そして、この天皇の母が神功皇后の妹です。

古事記の品夜和気と日本書紀の誉屋別の腹違いの二皇子が、北九州で生まれた誉田別の大和入りに反抗したのです。それが神功皇后帰還記紀に香坂(かぐさか)王・忍熊(おしくま)王の反抗として書かれていまして、これは、香坂王・忍熊王を品夜和気（履中）・誉屋別（反正）の身代わりとして、小説化した記事なのです。

倭の五王について最初に論じた人は江戸時代の松下見林で、彼は異称日本伝を著し、倭の五王と日本の天皇の名をくらべ合わせています。それによりますと、

最初の讃は履中天皇で、この意味名である去来穂別(いざほわけ)のサと讃が同じである。

つぎの珍は反正天皇で、諱の瑞歯別(ずいはわけ)の瑞の字に珍の字が似ているので、中国側で間違えた。

済は允恭天皇で、諱(いみな)の雄朝津間稚児子(をあさつまわくご)の第二字津と済の字が似ているので、中国側で間違えた。

興は安康天皇で、諱の穴穂が間違えられて興と記された。

武は雄略(ゆうりやく)天皇で、諱の大泊瀬幼武(おおはつせわかたけ)の第五字武を取った。

無理な説明もありますが、ここで特筆したいのは、履中天皇を五王最初の讃に据えていることで、今の多くの歴史家にこの認識が足りません。松下見林の二十数年後に、新井白石も同じ五天皇を当てました。

2-3　履中天皇

履中即位前紀につぎのようなことが書かれています。

履中天皇がまだ皇子であったとき、羽田矢代(はだやしろ)の娘、黒姫を妃とされんと思われ、婚約も調い、住吉仲皇子を遣わして、婚礼の日を告げました。

ところが、仲皇子は太子の名を語って黒姫を奸(おか)しました。このとき手の鈴を黒姫の家に忘れ、次の日に太子が黒姫の家に行き、その鈴を見つけて、黙して去りました。

仲皇子は事あらんことを恐れ、太子を殺そうと思い、密かに兵を集めて、太子の宮を囲みました。このとき平群木菟宿祢(へぐりのつくのすくね)・物部大前宿祢・漢直(あやのあたい)の祖阿知使主(あちのおみ)の三人が太子に上申しましたが、太子は信ぜず、三人は太子を馬に乗せて逃げました。

安曇連(あずみのむらじ)濱子が、仲皇子のために太子を追ってきましたが、伏兵を出して悉く捕えました。

倭直(やまとのあたい)吾子籠(あごこ)は以前から仲皇子と懇意でしたので、仲皇子に味方しましたが、太子の軍勢が多いのを知り、采女(うねめ)を奉り死罪を免れました。

瑞歯別(ずいはわけ)皇子は太子が不在のことを知り、石上(いそのかみ)の振(ふる)神宮に尋ねてきましたが、太子は弟の瑞歯別皇子を疑い、「仲皇子を殺してこい、そうしたら、また会おう」と申し、木菟宿祢(きのつくのすくね)を添えて追い返しました。そこで、瑞歯別皇子は難波に到り、仲皇子の消息を伺いました。

仲皇子は逃げ切ったと思い、備えをおろそかにしていましたので、瑞歯別皇子は袴を脱いで隼人(はやと)に与え、仲皇子が便所に入るところを刺し殺させ、即日大和に向かいました。

夜中に布留(ふる)に着いて復命し、これによって、太子は瑞歯別皇子を厚く寵愛しました。この日に安曇連濱子を捕えたそうです。


太子はのちの履中天皇です。ここで注目すべきは、履中天皇は生江物部の強力な支援を受けており、物部大前宿祢は胆咋(いく)系であり、石上神宮の神庫を奉斎した十千根のあとではありません。生江物部は北越前を流れる足羽川流域から発祥した物部氏なので、履中天皇はこの付近の旧島村にあった長田宮で育った品夜和気皇子であることがこれで立証されます。

ここで重要なのは住吉仲皇子の住吉です。難波の住吉といえば住吉大社があり、そこに祭られているのは表筒男・中筒男・底筒男の三神で、神主は津守氏です。

三韓から帰国した皇后には、誉田(ほむた)天皇を筑紫で産んだあと、従軍した表筒男・中筒男・底筒男三神の宣託がありました。そこで、穴門直(あなとのあたい)の祖の践立(ほむたち)と、津守連(つもりのむらじ)の祖の田裳見宿祢(たもみのすくね)が、「神がおわしたいと欲したまう地を定め奉るべし」と皇后に進言しました。

これらのことから、住吉仲皇子というのは、帰還軍または忍熊王の代理人であり、小説化されています。これに気付きますと、履中・反正両天皇の代理人が香坂王・忍熊王となります。

太子はのちの履中天皇で、神功皇后が敦賀を船で発って出陣するときに実家に預けた皇子です。また、瑞歯別皇子は反正天皇で、神功皇后の妹が仲哀天皇の妃となって生まれた皇子です。

記紀の編年は履中天皇の年代を繰り下げていますので、履中天皇の業績は全く不明ですが、宮殿は母の摂政時代の磐余（いわれ）若桜宮を引き継ぎました。

履中天皇没後に、この天皇の皇太子に相当する宇治稚郎子（わきいらつこ）が皇位を継がず、皇位の空白期間があったのを、応神天皇没後のこととして記紀に書かれています。空白期間のあと皇位についたのは反正天皇でした。

2-4　隼人

大隅隼人（はやと）の本拠地は九州南端の大隅半島ですが、その移住先として、京都府綴喜郡田辺町に大住の地名があり、大阪市東淀川区に大隅の地名があります。前者は大住の近くの内里を本拠とした内臣と関係があり、後者は応神天皇の大隅宮と関係がありそうです。

後に応神天皇になった誉田別（ほむたわけ）皇子を連れて帰還した武内宿祢が大隅半島の隼人を連れて帰還したようで、このとき武内宿祢に従った隼人は帰還軍の精鋭だったわけで、日本書紀に書かれている和珥臣（わにおみ）の祖武振熊（たけふるくま）というのは架空人物で、大隅隼人の代役です。

記紀によりますと、隼人の祖先は日向に天降った瓊瓊杵尊（ににぎのみこと）の長男火闌降命（ほすそりのみこと）です。次男の名は彦火火出見命（ひこほほでみのみこと）で、兄は生まれながらに海の幸があり、弟は山の幸がありました。

始め兄弟は相談して、各々の幸を交換しました。ところが、どちらも幸を得ることが出来なかったので、兄は後悔し、弟の弓矢を返し、自分の釣針を返して欲しいと言いました。

しかし、弟は釣針を無くしてしまって、探し求めるすべがありませんでした。それで、別の釣針を作って兄に返しました。ところが、兄は承服しないで、もとの釣針を返せと責めましたので、弟は困って、自分の刀をつぶし、新しい釣針に鍛えなおして、いっぱい盛って差し出しました。

それでも兄は怒り、「もとの釣針でなければ、多くあっても、受け取らない」と言って、益々責めたてました。それで、弟は困り苦しみ抜き、海辺へ出て、つぶやいていました。

そこへ塩土老翁（しおつちのおきな）が来て、「どのような理由で、ここに居て心配したまうか」と聞いたので、事の次第を話すと、老翁は「心配することはさらさらない。汝の手助けをしよう」と申して、堅編籠を作り、弟を籠の中に入れ、海に沈めました。すると、自然に美しい小浜に着きましたので、籠を捨てて歩きました。まもなく高垣と姫垣を張りめぐらした光り輝く高台の海神の宮に到着しました。その門前に一つの井戸があり、井戸の上には神聖な桂が茂り、枝が四方に広がっていました。

その木の下まで行って、徘徊していますと、しばらくして、一人の美女が扉を開けて出てきて近づき、玉瓶で水を汲もうとしました。仰いでいますと、美女は驚いて門内に入って、「一人の珍しい客が木の下に居ます」と父母に告げました。

海神は彦火火出見を導きいれ、双方が座ったところで、来訪の趣旨を問いました。事の仔細を説明すると、海神は大小の魚を集めて、これらに尋ねました。皆は「知らない。赤女という鯛だけがこのころ、口に病があって来ない」と申したので、無理に赤女という名の鯛を召して、その口を探ると、果たして無くなった釣針がありました。このことが縁になり、弟は海神の娘豊玉姫を妻とし、海宮に滞在すること三年になりました。そこは安らかで楽しいところでしたが、故郷が恋しくなり、激しく嘆くときもありました。

豊玉姫はこれを聞き、「天孫は悲しんで時々嘆いています。郷里のことを懐古し、憂慮してのことです」と父に云いました。

海神は彦火火出見を中に案内し、「もし故郷に帰ろうと思うならば、送ってさしあげよう」とゆったりと静かに申し、三年前に出てきた釣針を授けて、「この釣針を汝の兄に返すときは、ひそかにこの釣針を出して、貧鉤（まぢ）と言ってから返すとよい」と申しました。

また、潮満ち玉と潮涸（か）れ玉を授けて、「潮満ち玉を漬けると潮が満ちるから、これで兄を溺らせてしまえ。もし兄が後悔して助けてくれと言ったら、反対に潮涸れ玉を漬ければ、潮は自然と引くから、この方法で救くってやれ。このように責め悩ますと、汝の兄は自分から服従するであろう」と教えました。

帰ろうとするときになって、「私は妊娠していて、まもなく出産します。私は必ず風波が急峻の日に、海辺に出て参りますので、どうか、産室を作って待っていて欲しい」と豊玉姫は彦火火出見に申しました。

彦火火出見はもとの宮に帰り、海神から教わった通りにすると、兄は悩まされて、「今より以後は、我は汝の俳優の民となろう。恩を施して欲しい」と申したので、その願い通りに許しました。

兄の火闌降命（ほのすそりのみこと）が隼人の祖先です。大隅半島の隼人は二度に亘って東遷しました。初回は饒速日命（にぎはやひのみこと）の東遷で、このニギは迩饒命（ににぎのみこと）のニギと同じなので、両命は同一皇統です。魏志倭人伝に「伊都国の官ニキ」とありますから、魏時代における伊都国王の皇統であり、卑弥呼時代初期の国王は卑弥呼の父でした。また、迩饒命（瓊瓊杵尊）の迩は「近いもの」ですから、迩饒命は倭国を統一した伊都国王の近親者なのです。それで、今までの記述と違う箇所があれば修正の必要があります。卑弥呼の父は彦火火出見の子孫ではないのです。

神武即位前紀の冒頭に「神日本磐余彦天皇、諱は彦火火出見」とあり、日向三代は後から代数が付け足された形跡があり、彦火火出見の代に日向を出て、大和へは行かず、筑前に留まったままだったのです。

桜島の南南東に諏訪駅があり、ここが、崇神天皇の大和入りのとき信濃の諏訪に逃れた建御名方神（たけみなかたのかみ）の原郷のようです。つまり、建御名方神は饒速日系で、饒速日は火闌降命の子か孫にあたるらしいのです。こうして見ますと、饒速日のハヤは隼人のハヤなのです。

大隅隼人の二回目の東遷は神功皇后の帰還時で、建内宿祢と関係があります。鹿児島県始良（あいら）郡隼人町内に鹿児島神社があり、彦火火出見命を祭っていると言われますが、真偽のほどは分かりません。真偽が不明なのは、鹿児島は加羅王の子の島と解釈でき、火の系統である肥前・肥後経由ではなく、加羅と直結しているからです。おまけに、鹿児島神社は建内宿祢ゆかりの内という地名のところに鎮座します。それで、鹿児島という神社名にこだわる必要はありません。太田亮著の姓氏家系大辞典に「大隅の計帳と思われる正倉院文書に内臣田次の外一人が見え、孝元帝裔の内臣ならんか」とあります。

大隅の内臣は仁徳天皇没後に畿内から移ってきたようです。建内宿祢は北九州で生まれた応神天皇を連れて畿内入りし、この天皇の皇子が仁徳天皇なのですが、仁徳天皇の皇統はその皇子の大草香皇子で絶えました。内臣が鹿児島に移ったのは、この皇子が安康天皇に殺害されてからです。

隼人町の東南東の国分市に式内社であった大穴持神社と韓国宇豆峯神社があり、前者は広瀬三丁目に、後者は上井内門に鎮座します。

日本書紀は日向を出発した東征軍の水先案内をした人を椎根津彦としますが、古事記は珍彦とします。北越前の五王系では主はウシですが、日向・大隅のニキ系では主はウズなので、宇豆峯というのは主峯のことであり、韓国宇豆峯神社を祭ったのはニキ系である隼人です。

鹿児島県と宮崎県との県境に、韓国岳があります。この韓国も加羅国でしょう。この山名は古事記の「この地は韓国に向かい」により後世に付けられたようですが、カラクニの読みは加羅と見てよいのです。

大穴持神社は内臣が祭った神社です。内臣の祖先は加羅を通らず、新羅経由の氏族で、その宗家とされる建内宿祢もこの系統であり、この宿祢の九人の子である波多八代宿祢・許瀬小柄宿祢・蘇我石河宿祢・平群都久宿祢・木角宿祢・久米能摩伊刀比賣・怒能伊呂比賣・葛城長江曽都毘古・若子宿祢は、新羅経由の氏族として間違いないようですが、末子の若子宿祢は百済経由です。石川県の石川（白山西の手取川上流）を経由した白山系の氏族は、内臣を含め、加羅を通らずに、新羅の地から北陸の能登へ直行した氏族であり、橿原で即位した神武天皇もそうです。

呼称	代表的な名	経過地					
		楽浪	太白山	加羅	筑前	日向	肥後
アントー	主露・事代主・垂仁・倭五王	×	○	○	○	×	×
アナ	大穴持・大物主	○	○	×	×	×	×
アト	阿斗熊野国造	○	○	○	○	×	×
アテ	神武・大伴・木角宿祢	○	○	×	×	×	×
ニキ	卑弥呼	×	×	○	○	×	○

大隅半島の西部中ほどに鹿屋の地名があるのは、加耶からの転移らしく、大加羅の南端が大隅半島まで及んでいました。

大隅半島の西方の薩摩半島は阿多半島と言われました。古事記は隼人阿多君を長兄火照命の子孫とします。この火照命が前出の鹿児島由来の加羅王の子らしく、また、火というのは、三十五ページで述べましたキラキラ輝く意味の治に通じます。つまり、その祖地は治のようです。

2-5　内臣と内宿祢

景行紀三年二月条に、「天皇が屋主忍男武雄心命（やぬしおしをたけをごころのみこと）を紀伊に派遣して諸々の神を祭らせ、この命は紀伊に九年滞在し、紀直（きのあたい）の遠祖菟道彦（うちひこ）の娘影姫をめとって、武内宿祢が生まれた」と書かれています。しかし、これは偽りの記事で、雄略時代に内宿祢が紀直の隷民になったことや、同族らしいことが関係しているようです。同族らしいというのは、内宿祢の原郷が石川県河北郡内灘で、紀直の原郷がその北近くの七塚町木津だからです。

景行紀の偽り系譜

孝元天皇
┬彦太忍信命─屋主忍男武雄心命
伊香色謎命　　　　　　　　　　┬武内宿祢
紀直の遠祖、菟道彦─影媛

建内宿祢の本拠はいまの五條市で、そこは宇智郡でした。宮廷に直接仕えた内臣は内宿祢の分派のはずです。大田亮氏は姓氏家系大辞典で、「山代の内臣は山城国綴喜（つづき）郡有智郷に居住したと考えられる。すなわち、大和の宇智郡よりこの地に移り、この地名を起こした。神名帳に記載されている内神社はこの氏の氏神を祭り、宇智郡宇智神社の別社に外ならない」と記しています。

内宿祢の原郷を探りますと、石川県の内灘です。そこは河北潟の外側なので、海運の要地に当たります。その次の移動地が同県鶴来（つるぎ）の東を流れる内川あたりなので、内宿祢は劒根を祖先とする初期葛城氏と近い関係にあったことが分かりますが、両氏族は異種てす。

応神九年四月に武内宿祢が筑紫を監察するため派遣されたとき、その弟の甘美内宿祢（うましうちすくね）が兄を廃しようとして、天皇に讒言し、「武内宿祢は常に天下を取ろうという下心があり、聞くところによると、筑紫を分離し、三韓を自分に従わしめ、天下を取ろうとしている」と申しましたので、天皇は手を熱湯にて入れてただれる者を邪とする神判をさせました。このとき、武内宿祢が勝ったので、甘美内宿祢は紀直の祖の隷民にされました。

ここに書かれている兄の武内宿祢が山城国綴喜郡の内臣（うちのおみ）で、弟の甘美内宿祢が大和国宇智郡の内直（うちのあたい）です。つまり、ここでは内臣が宗家になっています。

2-6　崇神天皇没後のことが応神天皇没後の物語になっている

仁徳即位前紀によりますと、応神天皇が軽島（かるしま）の明宮（あきらのみや）で崩御されたあと、皇太子である宇治稚郎子（わかいらつこ）と大雀皇子（おおさざき）（のちの仁徳天皇）とが皇位を譲りあい、三年間も皇位が空白でした。

このとき、大山守皇子の同母兄の額田（ぬかた）中彦皇子が大和の屯田（みた）と屯倉（みやけ）を掌握しようとし、屯田司（みやけつかさ）である於宇宿祢（おうすくね）に、「この屯田は元より山守の地なり。これを以て、今、我まさに治めんとす。

汝は掌るべからず」と告げ、於宇宿祢はこれを皇太子に報告しました。

皇太子は大雀皇子に話すようにと言い、大雀皇子は倭直の祖先である麻呂に、「大和の屯田は元より山守の地というは、これいかに」と問うと、「我が弟の吾子籠だけが知っている」と答えました。吾子籠は韓国に派遣されて帰っていなかったので、意宇宿祢が韓国に行き、吾子籠を連れて来ました。

吾子籠は「垂仁天皇の御代に皇太子に命じて大和の屯田を定めしめ、このときの勅旨は『大和の屯田は常に御宇する帝皇の屯田なり。帝皇の子と言えども、御宇するに非ざれば掌ることを得じ』でした。これを山守の地と言うわけにはいかない」と答えました。

大山守皇子は先帝によって皇太子に立ててもらえなかった怨みと、この怨みが重なり、皇太子を殺して、帝位につこうと謀りました。この謀を聞いた大雀皇子は、ひそかに皇太子に告げ、兵を備えて守らせました。

大山皇子が宇治に出兵して河を渡ろうとしたところを、皇太子は渡し子に頼んで舟を転覆させたので、大山皇子は水死しました。

その後も、皇太子と大雀皇子は皇位を譲りあい、そのうちに皇太子は自ら死を選んでしまいました。

この記事は登場人物からしますと、応神天皇没後のことではなく、崇神天皇没後のことなので、仁徳即位前紀としてではなく、垂仁即位前紀として書くべきだったのです。

日本書紀はこの仁徳即位前紀の伏線として、応神紀四十年正月条に「菟道稚郎子を皇太子とし、大鷦鷯尊を皇太子の輔とし、大山守皇子には二十四日即日に山川林野を掌らしめた」とありますが、大山守皇子の名はその前からあったようで、他の名はありません。応神五年八月に、諸国に令して、海人及び山守部が定められましたが、大山守皇子はそれ以前の人物です。

また、菟道稚郎子は応神十五年八月には既に皇太子でしたので、応神紀四十年正月の記事と合致しません。

倭直の祖先は、崇神七年八月に倭の大国魂神を祭った市磯長尾市でして、この倭の大国魂神はもと天照大神とともに崇神天皇の宮殿に祭られていました。それで、倭直は崇神天皇と密接な関係があります。また、後述しますように、意宇宿祢もそうです。

古事記につぎの系譜があり、倭大国魂神は大山津見神の娘、大市姫の孫にあたる大国御魂神で、伊予の大三島に大山津見神が祭られています。

須佐之男命
　┬大年神
大山津見神―大市姫
　　　　　　┬大国御魂神
　　　伊怒姫

崇神天皇の皇統は一代で絶えてしまいました。垂仁紀二十五年条に、「先帝（崇神天皇）、神祇を祭祀したまうといえども、微細に未だその根源を探りたまわずして、おろそかに枝葉に留めたまえり。その天皇、命短し」と書かれています。

「命短し」とあるのは、この天皇一代で終わったからで、後継者がいなくなった隙を狙って、垂仁天皇が逆襲したのです。

磐余（いわれ）に都した履中天皇は神功皇后の長男であり、履中天皇の次に即位して丹比（たじひ）に都した反正天皇は神功皇后の妹の子です。つまり、履中天皇の皇太子は即位しなかったのです。

この皇太子が仁徳即位前紀の宇治稚郎子に相当します。この記事で、仁徳天皇とあるのは反正天皇ですが、履中天皇の異母弟であるこの反正天皇も、記紀編年では、仁徳天皇の皇子として繰り下がった編年になっています。

反正天皇である珍は四三八年に宋の文帝に遣使していますから、この事件はそれより幾らか前のことです。

2-7　出雲神話の須佐之男は三島宿祢

屯田司（みたのつかさ）である於宇宿祢（おうのすくね）の於にはサンズイ偏がついています。つまり、海洋に関係があったわけですが、この字を意と書く古典もあります。

国造本紀は意宇宿祢を三島宿祢の子とします。摂津の三島は、志賀の高島や北越前吉野谷の島村のように、祭祀地の御島だったらしいのです。

　駿河の三島には事代主神が祭られていますから、摂津の三島にも当初は事代主神が祭られていたはずです。それが、崇神天皇の強引な国譲り要求による大和入りによって、祭神が大山津見神に変わったわけで、それを変えたのが三島宿祢なのです。

　仁徳即位前紀をみますと、於宇宿祢は大和の屯田司でした。ところが、大山守皇子の兄である額田中彦皇子が大和の屯田と屯倉を掌握しようとしたのです。

　前出の大山守皇子の名は、応神紀四十年条によりますと、山川林野を掌ったからのようですが、実は、大山津見神を祭る三島宿祢に養育された関係のようで、山守部を以て民とした山部連とは異質です。

　伊予の大三島から摂津の三島に移った三島宿祢は、崇人天皇に緊密な側臣だったのですが、垂仁天皇が大和を攻撃してきたので、崇神側近だった三島宿祢は抵抗したものの、敗れて東出雲の意宇川流域に逃げました。この結果として、伯耆に大山の山名が発生しています。

　この宿祢は海原を制圧した壱与系の須佐之男なので、仁徳即位前紀にサンズイが付いている次第で、もと伊予の大三島に本拠を構えていたらしいのです。

　須佐之男の子孫である大国主命の大国は、意宇川流域にあった意宇国です。神話といえば遠い大昔の話と思われがちですが、垂仁天皇が大和を攻撃したのは四世紀初めころですから、このころから出雲神話が始まっています。

2-8　応神天皇と仁徳天皇の年代

前述しましたように、神功皇后の三韓征伐は三九一年か三九三年の何れかですが、三九二年は日本に失礼であった百済の辰斯王が殺された年で、その前に紀角宿祢・羽田矢代宿祢・石川宿祢・木菟宿祢という武内宿祢九人の子のうち四人が礼のないことを問い詰めるため派遣されていますから、三九一年のほうとするのが妥当です。そうしますと、これら四人の指揮者として武内宿祢が記紀に書かれているわけです。

また、新羅征伐のとき皇后の胎内にあった誉田天皇（応神天皇）の誕生も三九一年ころです。誉田天皇が六十才で亡くなったとしますと、没年は四五〇年ころです。

この年代は、誉田天皇の畿内入りに反抗し、四四〇年ころに亡くなった倭王珍である反正天皇没の十年ほど後です。

また、誉田天皇の皇子である仁徳天皇の推定没年は四七〇年ころとなりますので、崩御前に築造された仁徳陵の推定築造年代である「五世紀後半らしく、五世紀中ころの可能性もある」というのと、だいたい一致します。ただし、仁徳紀によりますと、仁徳天皇は没年より十年前に陵の築造を始めています。

履中天皇　　　　四三〇年ころ没の讃

反正天皇　四四〇年ころ没の珍
応神天皇　三九一年ころ誕生、四五〇年ころ没
仁徳天皇　四一五年ころ誕生、四七〇年ころ没

2-9　帰還して大和に入った神功皇后

仲哀記にある品夜別命（ほむやわけのみこと）が履中天皇で、九州で生まれた大鞆和気命（おおともわけのみこと）が応神天皇です。

神功皇后の船が北九州を発って、難波を目指したとき、船が廻って進めなかったので、武庫川の河口に戻り、天照大神の御心を広田神社に、稚日女尊（わかひるめのみこと）を生田（いくた）神社に、事代主尊（ことしろぬしのみこと）の御心を長田神社に、筒男（つつのを）三神の和魂（にぎたま）を大津の渟中倉（ぬなくら）の長狭（ながさ）に鎮座し、平穏に海を渡ることができ、南廻りした大鞆和気命と武内宿祢に合流すべく、紀伊へと向かいました。

大和に入るときも、神功皇后と、大鞆和気命を連れた武内宿祢は、別々で、皇后は紀ノ川沿いを進み、九州生まれの皇子を連れた武内宿祢は難波へと向かいました。

神功皇后が紀ノ川沿いを進んだのは、神功皇后が敦賀を船で発つときに、実家に残した品夜（ほむや）和気（わけ）皇子（のちの履中天皇）が大和にある磐余（いわれ）の若桜宮に居たので、そこを目的地としたからのようで、大和勢力は九州で生まれた皇子の受け入れに反対したらしいのです。

武内宿祢の本拠地は、吉野川が紀ノ川に名が変わろうとする吉野川の川尻北岸の五條駅から北

宇智駅にかけての区域にありましたが、その東方対岸に反正側の天野祝が居て、この祝が九州からの帰還軍に抵抗したようです。

大和入りを果たした後の神功皇后は履中天皇の磐余若桜宮に入りました。履中天皇の編年が繰り下がったので、日本書紀では各々が別々の磐余若桜宮を宮殿としたようになっています。このことは、履中・仁徳編年逆転説に反論する者を射る有効な矢の一本になり得ます。

神功摂政五年三月条に、新羅の大浦（釜山の南）からの捕虜を大和葛城の四邑に配分したことが記されています。

百済の阿花王が日本に失礼だったので、日本は枕彌多禮・峴南・支侵・谷那・東韓の地を奪いました。それで、応神八年三月に、百済は王子の直支を人質として日本に寄こし、友好をはかりました。

応神十六年に、阿花王が没したので、直支王に東韓を与えて本国へ帰し、百済王としました。阿花王が亡くなったのは四〇五年のことで、好太王碑文によりますと、その前年の四〇四年に、倭は今の平壌近くまで進入しましたが、遂に倭軍は四〇七年に大敗しました。

直支王子が賜ったという東韓を除いた枕彌多禮・峴南・支侵・谷那がまだ日本の所有になっていたわけで、神功皇后の兵の一部が残留していたのです。

好太王碑文によりますと、三九六年に好太王は自ら水軍を率いて百済を討伐しました。ところが、三九九年に百済は誓いに違反し、倭と和通したので、好太王は平壌に順下しました。このとき、新羅は使者を派遣して、「倭人が国境に満ち、城池を破壊し、新羅人を民としている」と好太王に報告しました。四〇〇年に好太王は軍令を下し、歩騎五万を派遣し、新羅を救いました。高句麗軍が男居城から新羅の各所の城に至ると、倭がその中に満ちあふれており、高句麗が至ると倭賊は退却しました。しかし、その四年後に倭は無軌同にも帯方郡に侵入し、さらに、四〇七年に好太王は軍令を下し、歩騎五万を派遣し、合戦して残らず斬り殺し、勝ち取った鎧兜は一万余領で、軍資器械は数えられないほどだったそうです。

この碑文の中の「三九九年に百済は誓いに違反し、倭と和通した」とあるのが、応神八年三月の百済王子直支の人質派遣にあたります。

履中天皇である讃が初めて東晋の安帝に遣使したのが四一三年ですから、戦か終わった四〇七年は神功皇后の摂政時代のようです。つまり、皇后が帰還されても、対三韓軍事問題があり、事情を知らない皇子たちに任せておけない事情があったのです。

2-10　大和に入らなかった応神天皇

武振熊の加勢を得て、難波から宇治へ侵攻し、反乱軍を鎮圧したあと、神功皇后の命令を受け、武内宿祢に連れられた皇太子は敦賀に行き、そこの気比大神を拝みました。

　武振熊は戦功によって、大和の和珥（わに）を拝領したものの、ここは敵地で、実質支配には至らず、実質支配を信じると、和珥氏の系譜が混乱してしまいます。それどころか、前述しましたように、武振熊というのは架空人物です。

　大和には履中天皇を支持する平群木菟宿祢（へぐりのつくのすくね）・物部大前宿祢・漢直（あやのあたい）の祖阿知使主（あちのおみ）らの壮々たる忠臣がいて、履中天皇の母である神功皇后は受け入れられたものの、九州で生まれた誉田（ほむた）皇子の大和入りは拒まれました。


　応神天皇の宮殿を古事記は「軽島（かるしま）の明宮（あきらのみや）」とします。日本書紀は軽島とは書かず、「二十二年の春三月に難波にいでまして、大隅宮に居ます」とし、「四十一年二月に明宮で崩ず」と書いています。

　大隅はいまの大阪市東淀川区にあり、武内宿祢と関係がある大隅隼人が移り住んでいて、ここに、応神二十二年ころの大隅宮があったわけです。それで、この天皇は大隅隼人に護られていたことが分かります。仁徳天皇の皇子である大日下王（おおくさかおう）が殺害された後に、ここの大隅隼人は武内宿祢に率いられて鹿児島に戻りました。

　古事記の軽島を、大和国高市郡の軽とし、いまの大軽町を当てる見解が支配的ですが、記紀に大和に関する応神天皇の事績が一切無いことが、問題として指摘されています。

大軽町のところよりも大きくない軽があったわけで、そこが応神天皇の崩じた明宮があった軽島です。

古代語のカルには「遠ざかる」の意味があり、大和の飛鳥を遠飛鳥とし、河内の飛鳥を近飛鳥とするように、都があった大和を遠いとする皇統があったわけで、倭の五王はその部類です。

古事記は允恭(いんぎょう)天皇の宮殿を遠飛鳥宮(とおつあすかのみや)とし、顕宗(けんぞう)天皇の宮殿を近飛鳥宮(ちかつあすかのみや)とします。いずれも大和の明日香なのですが、皇統によって見方が異なったのであり、顕宗天皇は大和に長くいましたから、大和の飛鳥を近飛鳥としたのです。

これに対し、允恭天皇とその皇子たちが大和に入っていない時代があったことを如実に示しています。これは、日本歴史にとって甚だ重大かつ斬新な見解です。

軽島がどこから見て遠いかと申しますと、島の地名があるところから見て遠いわけで、それは志賀の高島から見ての話で、摂津の御島（三島）が中間の軽島です。軽重・遠近は天秤(てんびん)のような表現で、支点の高島に近い島村がある北越前吉野谷に宮重(みやしげ)、入口に重立(しげだて)の地名があります。

日本書紀によりますと、事代主神が三嶋溝橛耳(みぞくいみみ)神の娘を見染めて生まれた子が、神武天皇の正妃に選ばれました。このように、摂津の三島は古くから事代主神と関係があったわけで、北越前では、三国湊の北の大湊神社に事代主神が祭られています。軽・大軽とか島・高島・三島というのは、事代主神系の允恭天皇とその皇子たちに関連する地名であり、応神天皇は允恭天皇の父である反正天皇に受け入れられたのです。

允恭天皇の御子に木梨軽(きなしのかる)皇子と軽大娘(かるのおおいらつめ)皇女とがありますが、両名の軽は摂津の三島付近を称した軽島に由来し、孝徳天皇の幼名である軽皇子の軽もそうです。

本職の神官が嫌で、摂津の三島に引きこもった藤原鎌足は、近くに住む軽皇子に働きかけて、蘇我氏打倒の計画を進めたようです。

摂津の三島あたりの地図を見ますと、高槻駅西南に明田町があり、東南に明野町がありまして、もとは同一地区だったのが分離したようです。この辺りに応神天皇の「軽島の明宮（あきらのみや）」があったわけです。

応神紀二十二年三月条に、難波にいでまして、大隅宮におます」とありますが、四十一年二月条に、「明宮で崩ず」の一説として、「大隅宮に崩じましぬという」とありまして、どちらの宮殿で亡くなったかは不明です。

しかし、いずれも淀川の西北岸にあり、大和勢力の攻撃に抵抗可能な立地です。反正天皇の宮殿は、もと新大阪駅東北近くの淡路にありましたが、反正天皇からこの地を譲り受けての都選びです。淀川西北岸の淡路で育った反正は、ここから河内の丹比（たじひ）へ移りました。

2-11　丹比は丹生都比売の丹と比

神功皇后の長男である履中天皇の最大の支援者は布留（ふる）物部でしたが、妹の子である反正天皇の最大の支援者は誰だったのでしょうか？

反正天皇が都された丹比（たじひ）の地名を追及しますと、その答えが出てきます。丹比の由来は紀ノ川北岸に位置する天野に鎮座する丹生都比売（にうつひめ）神社にありまして、その第一字と第四字をとれば丹比となります。

つまり、反正天皇の丹比宮の造営者が、この神社の奉斎者だったわけです。ここで、祭祀者と奉斎者が違うことに留意すべきですが、それでは、その奉斎者とは一体誰だったのでしょうか？

越前を流れる足羽川流域を開発したのは葛城系の生江氏だと言われています。そして、この生江氏の娘が神功皇后の母でした。この氏族は葛城系生江氏と言われていますが、そうではなく、生江系葛城氏だったことが筆者の探求で明らかになっています。

葛城といっても、大和と北紀伊の二箇所あり、生江系のほうは北紀伊の葛城です。この地は橿原で即位した神武天皇の大和入りに功績があった劒根（つるぎね）の領地でした。その北紀伊の劒根系葛城氏が神功皇后の大和入りを阻止したので、その賞罰として、北紀伊の葛城氏が生江氏に代ったのです。これは北越前でも生江氏が居た付近に育った者にしか発見できない重大な新説です。

劒根は神武天皇の大和入り後に、葛城を拝領したように日本書紀ではなっていますが、そうではなく、それ以前から北紀伊の葛城に居たようで、神武天皇もそこの仮宮におわしたらしいのです。劒根が拝領したのは大和の高尾張でして、そこに葛城の地名が転移したのです。

神功皇后の帰還後に対鮮外交で活躍した葛城襲津彦（かつらぎそつひこ）は、一般に劒根系葛城氏と見なされていますが、これも、そうではなく、生江系の葛城氏です。

大和には、劒根系葛城氏が残っていました。一般に仁徳天皇の皇后である磐之媛（いわのひめ）（葛城襲津彦の娘）が、大和の葛城氏だと思われていますが、それもまた違います。

磐之媛は神功皇后の母、葛城高額（ぬか）媛の宗女、つまり、宗家の娘なのです。世代数では三代後です。

生江氏┬不詳――――生江系葛城氏―葛城襲津彦┬不詳
　　　└葛城高額媛―神功皇后　　　　　　　　└磐之媛（仁徳天皇の皇后）

安康天皇が眉輪王（まゆわ）によって殺されたとき、眉輪王は葛城圓大臣（かつらぎつぶらのおおおみ）の家に逃げ込み、大泊瀬皇子（おおはつせ）は兵をおこし、葛城圓大臣の邸宅を焼き払わせました。

この葛城圓大臣は允恭天皇の時代に韓国へ行っていて、韓国の女性を妻にし、韓子が生まれました。この葛城圓大臣は大和の劒根系です。

公卿補任に次の系譜がありますが、「武内宿祢―葛城襲津彦」は削除すべきです。

「武内宿祢―葛城襲津彦」―玉田宿祢―圓大臣

また、允恭紀五年七月条に、玉田宿祢は葛城襲津彦の孫とありますが、これも間違っています。

この記事によりますと、允恭天皇は尾張連吾襲（をはりむらじあそ）を遣わして、玉田宿祢に司らせていた先帝の殯宮（もがりのみや）の消息を監察させました。玉田宿祢は殯宮には居ませんでしたので、吾襲を葛城に遣わしました。そうしたら、玉田宿祢は男女を集めて酒を飲んでいました。

吾襲はすべての事情を玉田宿祢に告げますと、玉田宿祢は事あらんことを恐れて、帰り道の吾熊を殺してしまい、武内宿祢の墓域に逃げ隠れました。

天皇はこの事を聞かれ、玉田宿祢を召されたので、玉田宿祢は鎧を衣の中に着て参上しました。それが小墾田采女（をはりだのうねめ）によって見破られ、天皇は兵に殺させようとしましたが、玉田宿祢は逃げ延びて家に隠れました。天皇は兵を集めて玉田宿祢の家を囲み、捕えて殺しました。

玉田宿祢の家は御所駅東南の玉手の地にあったようで、神武東征紀に、高尾張邑の土蜘蛛（つちくも）を葛で作った網をかぶせて殺し、そこを葛城と名付けたと書かれていますから、尾張連の祖先は、劒根系の葛城氏に、高尾張を追い出された経緯があり、もともと敵対関係にあった間柄です。

更に、もう一つ、重大な事が分かります。それは、尾張連と明日香村北の小墾田（をはりだ）が関係あることで、尾張連のヲハリは小墾（をはり）なのであり、明日香の谷を出たあたりが尾張連の原郷です。

江戸時代に北越前の三国港で、内田家・森田家とともに、北前船を運営していた小針家は、尾張連の後裔のようで、この尾張連は愛知県の尾張とは余り関係がありません。

神代紀九段本文は日向の彦火火出見尊（ひこほほでみのみこと）の弟に尾張連（むらじ）の始祖火明尊（ほのあかりのみこと）を置きますが、尾張連は日向とは関係なく、角臣（つのおみ）の分派で、角国（つのくに）の出っ張りとして小張（針原）・大張（大針）があります。崇神天皇に尾張大海媛（おわりのおおしあまひめ）という妃がありましたが、この妃の名からしますと、尾張連も、その宗家の角臣も、もとは大海宿祢（おおしあまのすくね）だったのです。

仁徳三十年に皇后の磐之媛が熊野岬へ行かれたとき、天皇は八田皇女を召して宮中に納れ給いました。それで、磐之媛は難波には帰らず、山城を通って大和へと向かいました。天皇が使者を出しても、磐之媛は帰らず、「山背川（木津川）をさかのぼり、奈良を過ぎ、烏陀弖（をだて）大和を過ぎ、わが見欲し国は、葛城高宮、わが家のあたり」と歌で申されました。それから、山城の筒城（つつき）岡の南に宮室をつくり、天皇が的臣（いくはのおみ）の祖の口持臣（くちもちのおみ）を遣わして、難波に帰そうとしても、黙して答えず、口持臣の妹の国依（くにより）姫が皇后に仕え、仁徳二十五年に磐之媛はそこで亡くなりました。

古事記には、皇后は筒木の韓人、名は奴理能美（ぬりのみ）の家に入ったとあります。能は助詞のノで、美は使主のオミのオが助詞のNOのOと重なって消え、ミだけになったのですから、「ヌリの使主（おみ）」の家に入ったのです。この人は、姓氏録に、百済国からの帰化人とあります。

的臣は生江系葛城氏で、興味があるのは、「筒木の韓人」です。筒木は今の田辺町普賢寺付近で、そこに居たのは息長氏です。ここの息長氏は新羅王子の日矛のあとを称していましたが、三国国造系の息長氏は百済からの帰化人であり、三国国造と同祖の蘇我満智のマチも百済名です。

継体紀に、継体天皇は継体五年から十二年まで筒木に都を置いたとあります。ここに息長真手王が居り、その娘麻績娘子（をみのいらつめ）は継体天皇の妃で、御子に伊勢神宮に侍った荳角（ささげ）皇女がありました。

和名抄に大和国葛上郡高宮郷がありますが、そこは劒根系葛城氏の居所です。歌われた高宮は、ここではなく、いまの伊都郡かつらぎ町の高台にあった宮で、生江系葛城氏の居所でした。

また、オダテは大和の枕詞で、小楯のように山々が大和を囲んでいる様子によりますが、大和を過ぎれば、そこは北紀伊です。つまり、「わが見欲し国」「わが家のあたり」は北紀伊の葛城です。

紀伊国名所図会に、「妹山は今は背山村にある鉢伏山をいうが、本来は対岸渋田村にあって、今は長者屋敷という。両山の間にある紀ノ川の中に一つの岩があって、弧舟の形をした島を舟岡山と呼び、そこに弁財天社がある。老松奇岩の勝景で、妹山が吉野にあるとする説は大きな誤りである。この地の地形は両山の間の岸が相迫って、ただ一条の流れを通している。大化年中に詔して、ここを邦畿の南限と定め給うた。セヤマは狭き山の意味で、地形から起こった名であるはずだから、兄山と書くのは仮字である。これに対する川南の山を妹山と称し、時折り歌にも詠まれたから、妹背山の名が広く天下に知れわたった。いつのころからか、この近辺に雛子長者という富豪がいて、妹山の形がなだらかで、風景が良いのを賞して、山を平らにしたので、いつのまにか長者屋敷と呼びならされて、ついに妹山の名はなくなり、妹山も山足を切り開かれて、今の官道が敷かれたので、妹山の姿も大いに変わってしまった」とあります。

この長者屋敷は、伊都郡かつらぎ町渋田にあり、ここが葛城高宮跡らしいのです。神功皇后の母の葛城高額媛の名も、ここによるようです。

欽明紀二十二年是歳条に、葛城直（あたい）と額田部連（ぬかたべのむらじ）が外交接待役として、新羅の使者を百済の後に導き入れたので、新羅の使者が怒り、船に乗って穴門に帰ってしまい、河内馬飼首（おびと）が穴門館を修繕したことが書かれています。この葛城直は生江系の葛城氏です。

また、欽明三十一年四月是月条に、東漢氏直糠児（やまとのあやのうじのあたいぬかこ）と葛城直難波とが高麗の使人を迎え召したことが書かれていますから、難波に都した仁徳天皇に仕えた葛城直は、難波の宅を持ち続け、外交接待役として、欽明天皇にも仕えたことが分かります。

仁賢四年五月に的臣蚊嶋（いくはのおみかしま）が有罪で監獄につながり死にました。このとき以来、生江系葛城氏は宮仕えを止めたようです。そもそも、この氏族は反正天皇の支援者であり、履中系天皇の支援者とは相入れない点があったのです。

続群書類従巻八一九、粉河寺大卒都婆建立縁起に、「伊都郡渋田村寡婦富久大刀自、観音の霊験を貴び、その住宅を運びて草庵に改め、精舎（しょうじゃ）となす」とありますが、「富久」では通じません。醍醐寺本諸寺縁起集には、「富人字大負」となっており、これも通じません。

粉河寺縁起の「富久」が「富人」の誤りだということは分かるのですが、醍醐寺本の「大負」というのが、「大きく負けた」と解釈されるので、通じないのです。

しかし、古語辞典を引きますと、マケには「やから、一族」の意味があります。つまり、「大負」というのは「大氏族」という意味で、字、すなわち、アザナが「大氏族」なのであり、「大氏族」といいのは「生江系の葛城氏」に外なりません。

粉河寺は九三五年の失火で全焼しました。関東で平将門(たいらのまさかど)の乱が始まった年です。争乱が終わったのは九四〇年でした。

長者屋敷の西方の天野に、丹生都比売神社がありまして、この乱に空海（七七四―八三五）を高野山に案内した丹生都比売神社の家義の子孫（系譜では曾孫）は関東に出陣して帰らず、そこに永住し、丹貫主を称し、その子孫が丹党を結成しました。長者屋敷の男性も、この乱に参加して、帰らなかったようです。

丹生都比売(にふつひめ)の丹は朱（赤）、生は生江氏の生、都は後世のノに当たる助詞のツですから、この女神は京都府綴喜郡田辺町の息長山の山号をもつ普賢寺の鎮守である朱智神と同神であり、この女神を奉斎した生江系葛城氏は、息長氏と同祖であり、孝元記に記されている建内宿祢九人の子の最後にある若子宿祢(わくごのすくね)の後裔です。これは、また、特筆すべき新発見であり、丹生都比売は若子宿祢なのです。

2-12　允恭天皇

記紀は允恭(いんぎょう)天皇を仁徳天皇の第四皇子とし、履中・反正両天皇の弟としますが、これは、履中・反正時代を仁徳時代の後に繰り下げたからで、允恭天皇は神功皇后の妹が仲哀天皇の妃となって生まれた反正天皇の実子です。

神功皇后の長男である履中天皇の宮殿は大和の磐余にあり、次の反正天皇の宮殿は河内の丹比にありました。それでは、その次の允恭天皇の宮殿はどこにあったのでしょうか？

日本書紀は允恭天皇の宮殿地を書かず、允恭七年十月に新室で宴を開いたとのみ書き、日本書紀が宮地を書かないのは異例だと指摘されています。

古事記は允恭天皇の宮殿を遠飛鳥宮（とおつあすかのみや）としますが、飛鳥は大和と河内にあって、どちらが遠いかは、見方によって異なります。

継体天皇の次に即位した安閑・宣化天皇の母は北越前の小針・大針を本拠にし、八十四ページのように、允恭天皇と関係がある尾張連の娘ですし、前述しましたように允恭天皇の重臣で允恭天皇の宮地選定に力のあった尾張連は大和の飛鳥入口（北）にある小墾田（をはりだ）と関係しますから、遠飛鳥というのは大和の飛鳥に間違いありません。

父の反正天皇の宮殿は河内の丹比で、皇子のころには東淀川区の淡路の地でしたから、この面からも、遠近関係が肯定されます。

問題は日本書紀が宮地を書かないことで、允恭七年十月に宴を開いた新室というのが、遠飛鳥であり、その前がどこだったかは全く闇の中です。古事記も日本書紀も、それを書きたくなかったようです。つまり、そのような地域に宮殿があったらしいのですが、大和の飛鳥を遠いとする地点にあったのです。

この謎の七年間を倭の五王の遣使で当たってみますと、四三八年に反正天皇である珍が宋の文帝に朝貢し、四四三年に允恭天皇である済が朝貢していますので、この間は五年です。そうしますと、七年と五年の差がありますが、允恭天皇が大和の飛鳥に遷都する前に朝貢したことも考えられます。

日本書記によりますと、允恭天皇は病弱だったので神に仕えていましたが、壮年になってから病を除こうとして荒修行をし、かえって病を重くしてしまい、歩行困難になり、先帝から生きながらえても皇位につくことは難しいといわれ、兄たちからも軽く扱われました。ところが、即位三年目に新羅から呼んだ医者によって病かおさまりました。

古事記は、「允恭天皇が即位して間もなく、新羅の国王が八十一艘の貢物を献上したときの大使、金波鎮漢紀武（こんはまちんかんきむ）が薬方を詳しく知っていて、天皇の持病を治療した」と書いています。金は姓、波鎮は新羅の爵位、漢紀は新羅王族の称号で、武は名ですが、ここで注目すべきは、新羅の大使は新羅の王族、漢紀であったということです。

允恭天皇の諱である男浅津間若子宿祢（をあさつまわくごのすくね）の男浅津間は、尾浅端で、尾根（峰筋）の側面が浅い方の端のことです。

福井県吉田郡永平寺町島の地積付近にある福井市営焼却場あたりは、谷の奥ですので、外側が高く、内側は低くなっています。峰筋の上から見れば、内側が浅いのです。ここがまさしく尾浅端です。

この諱に若子が接尾されていますから、この天皇は幼いころ、ここで過ごされたことが分かります。

ここに長田・奥長田の小字があることは前述しましたが、その南に牛黒田という小字があります。この牛は主であり、黒は畔（くろ）で、畔は平地の中の小高い所を指し、主が居た小高い所というのは、長田宮があった台地のことで、安康天皇の穴穂宮はこの長田宮で発生し、大和の布留付近に、その宮殿名がそのまま移っています。これは安康天皇の諱（いみな）が穴穂であったことも関係しているようです。

古事記によりますと、允恭天皇に木梨之軽王（きなしのかるおう）・長田大郎女（おおいらつめ）・境黒日子王（ひこ）・穴穂命・軽（かるの）大郎女・八瓜之白日子王（やつうりのしろひこおう）・大長谷命（おおはつせのみこと）・橘大郎女・酒見郎女の五皇子・四皇女がありました。

第一子の木梨は長田宮跡東北東約二キロ半に梨の木峠があります。ただし、二字が逆になっています。軽はカルの地（遠い地の意味で、今の大阪府高槻市あたり）に移住したからです。

第二子の長田は長田宮によります。

第三子の境は谷入口にある吉野境の地名によります。

第四子の穴穂は前述しました。

第五子の軽は軽がつく第一子と同じです。

第六子の八瓜は長田宮跡の台地を囲む幾つかの瓜の形をした堀を指します。

第七子の大長谷は雄略天皇ですが、大きくて長い谷というのは、九頭竜川の谷間です。日本書紀は大泊瀬（おおはつせ）と書きますが、これは、和名抄坂井郡郷名の荒泊に相当し、泊瀬は浅瀬なので、長谷とは違い、九頭竜川が谷間を出た古市あたりで、こちらが正しいようです。

第八子の橘と第九子の酒見だけは分かりません。末の二子が分からないのは、建内宿祢九人の子のように、また、九重とか九段とかのように、九に数合わせしたからのようで、架空と考えられます。

そうしますと、実子七人全部が、北越前の長田城跡付近で名の由来が説明できています。


允恭七年十二月に宮殿新築祝いの宴があり、皇后は舞を披露しました。当時の風俗として、舞い終わったあと座長に対し「娘子を奉る」と言うのが習慣でした。天皇は皇后に「何で常の礼を失うのか」と言われたので、皇后はもう一度舞をし、「娘子を奉る」と申しました。天皇は「名を知りたい」と言われるので、やむなく、「私の妹、名は弟姫」と答えました。

弟姫は容姿絶妙なること比類なく、その妖艶な色気が衣を通して照ったので、時の人は衣通郎女（そとほしのいらつめ）と申しました。天皇の心は衣通郎女にあったので、皇后に強要して、進ぜさせました。皇后は承知し、たやすく異議を申されなかったので、天皇は大いに喜びたまい、翌日使者を遣わし弟姫を招喚されました。このとき、弟姫は母に連れだって近江の坂田にいましたが、弟姫は皇后の情に感謝し、参向しました。天皇はまた重ねて七度招喚されましたが、固く辞して参向しませんでした。天皇は喜ばれず、中臣烏賊津使主（いかつおみ）に勅して、「汝、自ら往きて、弟姫を召し来たれば必ず厚く賞せん」と申されたので、烏賊津使主は干し飯を懐の中に包んで坂田に行きました。

弟姫は姉の志を傷つけることを心配し、「身が亡びても、参りません」と言い続けますので、烏賊津使主は庭の中に伏せ、弟姫が飲食を与えても食べず、密かに懐の中の干し飯を食べました。

弟姫は姉のねたみを思って、天皇の命を拒んだけれど、君主の忠臣を失えば妾（わたし）の罪になると思い、烏賊津使主に連れだって上京しました。大和の春日に至って櫟本（いちのもと）の上（かみ）で食事するとき、弟姫は親しく酒を使主に賜い、その意を慰めました。

使主は即日に京に着き、弟姫を倭直（やまとのあたい）吾子籠（あごご）の家に宿らせて、天皇に復命しました。天皇は大いに喜びたまい、烏賊津使主を褒めて厚く寵愛されました。しかし、皇后の顔色が平穏でないので、宮中には近づけず、別に殿屋を藤原に構えて、そこに居らしめました。大泊瀬皇子が産まれます夕方に、天皇は始めて藤原宮に行かれ、これを聞いた皇后は恨み、産殿を焼いて死のうとしました。天皇は大いに驚き、過ちを認め、皇后の心を慰めました。

天皇は翌年二月に藤原に行かれて衣通郎姫の消息を視察され、皇后はこれを聞かれてまた大いに恨まれたので、天皇は河内の茅渟（ちぬ）に宮室を造って衣通郎姫を居らしめました。その後は、しばしば、日根野で狩りをし茅渟宮に立ち寄られました。

十年正月に天皇が茅渟に行かれたとき、皇后は「妾は毛頭、弟姫をねたんでいるのではありません。陛下がしばしば茅渟に行かれるのは、百姓の苦しみとなるでしょうから、どうか車駕の数を除したまえ」と申しました。この後、天皇の茅渟通いは稀になりました。

皇后の名の忍坂（おしさか）は、奈良県桜井市の朝倉台南にある忍坂（おっさか）の所に由来すると考えるのが普通です。ここはオッサカの読みで、皇后の名の読みは一般にオシサカです。

筆者のパソコンで「おっさか」と入力して漢字変換しますと越坂となります。愛媛県の越智(おち)郡のように、越をオと読む例がありますが、このオの本来はオッなのです。

前述のように、奈良県桜井市の忍坂は、今はオッサカですが、ここは、和名抄に大和城上郡恩坂（於佐加）とあり、平安時代にはオサカでした。

福井県永平寺町に越坂の地名があり、現在はコイサカと呼称しますが、大昔はオッサカだったらしいので、ここが允恭天皇の皇后となった忍坂大中姫の由来地のようです。この皇后は継体天皇の宗女（宗家の娘）でした。それで、継体天皇の宗家が越坂を本居にしたと考えるのは愚かです。むしろ、忍坂大中姫が越坂を本居にした氏族に養育されたと考えるほうが妥当です。

衣通郎姫の母、百師木伊呂弁(ももしきいろべ)は古事記の系譜では息長氏で、百師木は百磯城であり、堅固な崖で囲まれた北越前吉野谷島村の長田城台地のことです。イロベのべはスケベのべと同じです。

古事記の系譜

応神天皇
┬若沼毛二俣王
│　　（若沼毛二俣王と息長真若中姫の子）
│　　├オホホド王―ヲヒ王―ウシ王―継体天皇
│　　├忍坂大中姫（允恭天皇の皇后）
│　　└弟姫（衣通郎姫、藤原琴節姫）

息長田別王―杙俣長彦王┬息長真若中姫
　　　　　　　　　　　└弟媛（百師木伊呂弁）

允恭天皇が亡くなったことが新羅に伝わりますと、新羅の王は驚き憂愁し、貢の船八十艘と種々の楽人八十を奉りました。対馬に泊まって大いに哭き、筑紫に到着して又大いに哭き、難波津に泊まって麻服に着替え、皆の者が貢を捧げ、種々の楽器を身に付けて、難波より京に至るまで、或いは哭き、或いは舞い歌い、遂に殯宮（もがりのみや）に参会しました。

新羅の弔使が帰るとき、琴引坂まで来て、畝傍山・耳成山のほうを振り返り、「うねめはや、みみはや」と言いました。新羅人に従っていた倭飼部（やまとのうまかいべ）がこの言葉を聞いて、新羅人が采女（うねめ）にたわけたと思い、大泊瀬皇子に報告しました。皇子は新羅の使者を監禁して推問しました。新羅の使者は「采女を奸していない。ただ京のほとりの二つの山を愛（め）でて言ったまでだ」と申したので、虚言と分かり、許したまいましたが、新羅人は大いに恨んで、その後は貢上の物色と船の数を減らしました。

これは允恭紀の記事です。雄略八年二月条には、この年に至るまで新羅は背き偽って、八年間も贈り物を入れなかったと、書かれています。

允恭天皇の歩行困難を全快にしたことで、親密になった新羅との友好関係は一代で終わり、大和朝廷は百済との友好関係を深め、新羅を敵に廻して、遂に白村江（はくすきのえ）での敗戦という破局の道を歩みました。

安康天皇を支援した布留（ふる）物部は新羅経由で、雄略天皇を支援した物部目の祖先は百済経由だったことが関係しているようです。

2-13 安康天皇

允恭二十三年三月に天皇は木梨軽皇子を立てて皇太子としました。皇太子は容姿華麗で、同母妹の軽大娘皇女も又艶妙でした。皇太子は常に大娘皇女と合おうと念じていましたが、罪になることを恐れて黙っていました。しかし、我慢できなくなり、いたずらに空しく死ぬよりは、罪になってもよいと思い、密かに通いました。

天皇はこれを知ったけれども、皇太子に刑を加えるわけにいかず、大娘皇女を伊予に移しました。

四十二年正月に天皇が崩御し、十月に葬礼が終わると、群臣は暴虐で婦女に淫らな皇太子に従わず、悉く穴穂皇子につきました。

そこで、皇太子は穴穂皇子を襲うため密かに兵を集め、穴穂皇子も兵を集めて戦おうとしました。やがて、皇太子は群臣が従わず百姓が乖離していることに気づき、物部大前宿祢（五十琴宿祢の孫で、麦入宿祢の子）の家に隠れました。

これを聞いた穴穂皇子は大前宿祢の家を包囲したところ、大前宿祢は門に出迎え奉り、「願わくば、皇太子を殺害しないで、臣の協議に任せて頂きたい」と申し出ました。これによって、皇太子は自ら大前宿祢の家で死んだとも、伊予に流されたとも言われます。

古事記は「御子、穴穂御子、石上（いそのかみ）の穴穂宮に坐しまして、天下を治めましき」とし、日本書紀は「都を石上に遷す。これを穴穂宮という」と書きます。

古事記の「御子」というのは「允恭天皇の御子」という意味です。また、穴穂宮というのは北越前吉野谷にあった宮殿名なので、都を越前吉野谷から大和の石上に遷したあとでも、それまでの宮殿名で呼ばれたようです。また、穴穂天皇の宮殿とも解釈できます。大和の石上には穴穂に該当する区域がありません。

允恭天皇崩御のとき、皇太子の木梨軽皇子は摂津の高槻の地に居り、穴穂御子は北越前の穴穂宮にいたと想定できます。

石上の穴穂宮は天理駅の南約一キロの田町にあったとされます。田町の西を布留川（市川）が流れ、ここは布留物部に支援された市辺押磐皇子の居所付近のはずです。

また、穴穂宮の穴穂というのは、近江国高島郡にあった高穴穂に対応する呼称で、それは北越前吉野谷の島村に限ります。なぜならば、島村の島は高島に対応する村名だからです。

允恭である倭王済が宋の文帝から称号を授かったのは四五一年、倭国が宋の考武帝に遣使したのは四六〇年、安康である興が宋の孝武帝から安東将軍の称号を授かったのは四六二年です。

これらのことから、四六〇年ころに安康天皇が大和の石上で即位したことになります。

仁徳陵の築造は五世紀後半らしいけれど、五世紀中ごろの可能性も否定できないといわれますから、大和の允恭・安康王朝と、難波の仁徳王朝とが並立していました。

それで、古事記は穴穂天皇とせず、穴穂御子と書いたのかも知れません。それまでは、歴代の即位記事には、天皇とか命の敬称を使っています。

安康元年二月に、穴穂天皇は同母弟である大泊瀬皇子のために、坂本臣の祖の根臣（ねのおみ）を大日下王（おおくさかおう）のもとに遣わして、大日下王の妹、若日下王（わかくさかおう）を大泊瀬皇子の妃に迎えようとしました。

兄の大日下王はかしこまって承諾し、言葉で以て返事するのは失礼と思い、妹の礼物として、押木（おしき）の玉縵（たまかつら）を根臣に持たして、穴穂天皇に貢献しました。

ところが、根臣は礼物の玉縵を盗み取って、「大日下王は勅命を受けず、『我が妹が同格の族の下席になるではないか』と申して、太刀の柄を取って怒りました」と報告しました。それで、天皇は大いに怒り、大日下王を殺して、その王の妻、中蒂（なかへた）姫を皇后にされました。大日下王は仁徳天皇の皇子で、母は日向髪長媛でした。

日本書紀によりますと、履中天皇には、羽田矢代宿祢か葦田宿祢の娘黒媛の間に、市邊押磐（いちべおしいわ）皇子・御馬（みま）皇子・飯豊（いいとよ）皇女があり、のちに皇后となった幡梭（はたひ）皇女との間に、中磯皇女があって、中磯皇女は仁徳天皇の皇子大草香（おおくさか）皇子の妃となり、眉輪王（まゆわおう）を生みました。

中磯皇女は中蒂（へた）姫・中蒂姫命・中蒂姫皇女とも書き、雄略即位前紀に「中蒂姫皇女、更の名は長田大娘（おおいらつめ）皇女なり」とあります。

中磯も中蒂も、北越前吉野谷の長田城跡の台地が、柿のヘタのような段（磯）によって二重に囲まれていることに由来します。

穴穂天皇は沐浴するため山宮にいでまし、酒をめして楽しさ極まり、密かに皇后に「汝は親しく睦まじいけれど、朕は眉輪王を恐れる」と申されたのを、楼の下で遊んでいた眉輪王がこれを聞いて、昼酔いして眠り臥していた天皇を刺し殺してしまいました。

大舎人(おおとねり)が駆けて大泊瀬皇子に告げると、大泊瀬皇子は大いに驚き、兄等を疑い、鎧を着け、刀を帯び、兵を率いて、自ら将となり、八釣白彦皇子を責め問いました。

白彦皇子は被害を受けると見て、黙して語りませんでした。大泊瀬皇子は刀を抜いて白彦皇子を斬りつけ、次に坂合黒彦皇子を責め問いました。黒彦皇子も被害を受けると思い、黙して語りませんでした。

大泊瀬皇子の怒りは益々盛んで、一緒に眉輪王も殺そうと考え、罪人として問いました。眉輪王は「天位を求めたのではなく、ただ父の仇を討ちたかっただけだ」と申しました。黒彦皇子は深く疑われることを恐れて、ひそかに眉輪王に語り、隙を見て二人は圓大臣(つぶらのおおおみ)の宅に逃げ込みました。

大泊瀬皇子は兵を増やして大臣の宅を囲みました。大臣は娘の韓媛(からひめ)と葛城七区を献上して罪を贖(あがな)うことを請いましたが、大泊瀬皇子は許さず、火をつけて宅を焼き払い、大臣と黒彦皇子と眉輪王とは共に焼き殺されました。

その舎人が焼けた骨を収取しても、分離できなかったので、一つの棺に盛り、新漢(いまきのあや)の擬本(まねもと)の南の丘に合わせ葬りました。

擬本の擬を、日本書紀では木偏を使っていますが、北紀伊の棑田庄を排田庄とも書くように、地名では木偏でも手偏でも、どちらでもよいのです。

日本古典文学大系の日本書紀は、大化五年三月十七日条に「今来の槻本」とあることから、擬本の漢字にツキモトと振り仮名を付けています。

額田部槻本首が後の推古天皇である額田部皇女を養育しましたから、奈良県西部の今来に槻本があったのは事実ですが、後世に擬が好字の槻に変わったようです。擬は模擬試験のように、「マネル」です。

大和志は、擬本は奈良県吉野郡大淀町今木であろうとしますが、地名辞書は、曽我川の今木よりも下流沿岸の高市郡（旧名、今来郡）にあったのであろうとします。

大豪族が居た地名は、拡大してから分離し、その何れかか、両方の名が変化するのが通例で、擬本の擬は好字の松に変わっています。

いささか曽我川の下流過ぎますが、そこに松本という地名があり、ここまで擬本が拡大して、好字の松本に変わったようです。

2-14　雄略天皇

圓大臣の邸宅を焼き払った後の十月に、大泊瀬皇子（のちの雄略天皇）は、近江の蚊屋野に立派な猪・鹿が沢山いるから、寒風の微かなときに、郊外の野を逍遥し、娯楽して、馳せ射ろうではないかと、市辺押磐皇子に持ちかけ、馬に乗っての狩りに誘い出し、「猪有り」と叫び、市辺押磐皇子を射殺してしまいました。

記紀の系譜では、履中期が繰り下がっていますから、市辺押磐皇子の父が履中天皇で、母は葦田宿祢の娘黒姫になっています。しかし、実際には一代の空白が存在します。

市邊押磐皇子を狩りに誘って射殺した翌月に、大泊瀬皇子は泊瀬の朝倉に壇を設けて即位しました。この「泊瀬の朝倉」は初瀬川南岸の奈良県桜井市朝倉台のところですが、諱の「大泊瀬」の由来する所は別の所で、漢語林を引きますと、泊には「薄い」「浅い」の意味があります。この辞書にはありませんが、金箔はその類似語です。それで、「大泊瀬」はもっと広々とした浅瀬で、それは九頭竜川が谷間から出たところの古市付近です。昭和の中ごろ、ここに電車の鉄橋があったので、車窓から「大浅瀬」の様子が良く見えました。

雄略二年七月に、百済の王が采女として来日させた池津媛が、石川楯にたわけたので、天皇は大いに怒り、大伴室屋大連に命じて、来目部をして、夫婦の手足を木に張り付けて焼き殺させました。

室屋のころに、大伴氏配下の来目部があったことは、注目すべきで、この来目部というのが阿手氏のようで、宮廷の警備に当たっていたらしいのです。古市から九頭竜川を渡ったところの福井県坂井郡丸岡町下久米田の久米田神社に室屋の子の金村が祭られています。

五年四月に、百済の蓋鹵王は池津媛が焼き殺されたのを知り、今後は采女を奉るべからずとして、弟の昆支を日本に寄こし、天皇に仕えさせました。

七年に、吉備上臣田狭が妻の稚姫を褒め語っているのを、耳を傾けて遠くから聴いていた天皇は内心喜び、稚姫を女御にしようと考え、田狭を任那国司に任命しました。

八年に至るまで、新羅は我が国に背き、高麗と友好関係にあり、高麗は精兵百人を新羅に送って、新羅を護っていましたが、新羅の王が高麗の偽り護ることを知り、使者を任那の王のもとに遣わし、日本府の軍師の派遣を要請しました。そこで、膳臣斑鳩・吉備臣小梨・難波吉士赤目子が新羅を救援するため新羅に入り、高麗の軍と戦いました。

九年二月に、凡河内直香賜と采女とを遣わして、胸方神を祭らせましたが、香賜が采女を奸したので、天皇は難波日鷹吉士を遣わして、殺させようとしましたところ、香賜が逃げ失せたので、弓削連豊穂を遣わして、三島郡の藍原で捕えて斬りました。

この事件で天津彦根命の後裔である凡川内直が消滅し、河内の弓削物部が頭角を表しはじめ、舒明天皇のときに大連となった物部守屋は豊穂の子孫らしく、河内の弓削物部が台頭し、物部氏でも異変が起きました。宣化元年七月に北越前物部の麁鹿火大連が没すると、次の欽明天皇のとき、大連になったのは、河内物部の守屋です。

弓削連豊穂―この間不詳―尾輿┬大市御狩（みかり）
　　　　　　　　　　　　　　└守屋

旧事紀は尾輿を荒山大連の子としますが、荒山大連の荒山は物部麁鹿火の由来地である北越前志比谷の荒谷西方にある荒山（吉野ケ岳）に由来するので、荒山大連は麁鹿火と同じ生江物部である目の子であり（一七二ページ参照）、守屋の弓削系ではありえません。

先帝の死後、新羅が高麗の貢を阻み、百済の城を呑んだりしていたので、九年三月に雄略天皇は自ら新羅を伐たんと思われましたが、神の戒めで実行せず、紀小弓宿祢（きのこゆみのすくね）・蘇我韓子宿祢（そがからこのすくね）・大伴談連（おおとものかたりのむらじ）・小鹿火宿祢（をかひのすくね）に新羅を伐たせました。

このとき、紀小弓宿祢の妻は孕んでいて、視養する者がいなかったので、大伴室屋大連に頼み、天皇につぶさに陳情してもらいました。天皇は吉備上道采女大海（かみつみちうねめおおしあま）を賜い、視養者とされました。

最初は慶山を占領し、勢いに乗りましたが、大伴談連と紀岡前来目連（きのおかざきくめのむらじ）が戦死し、大将軍の紀小弓宿祢が病気で亡くなりました。

五月に紀大磐宿祢（きのおおいわのすくね）が父の病死を知り、新羅に赴いて、小鹿火宿祢が掌っていた兵馬・船官・諸々の小官を奪って勝手な振舞いをしましたので、小鹿火宿祢は深く大磐宿祢を怨みました。そこで、偽って、韓子宿祢に「大磐宿祢が汝の掌る官を取ってやろうと言っているので、固く守りたまえ」と告げました。これによって、韓子宿祢と大磐宿祢の仲が悪くなり、百済王が日本の将軍の間で揉め事があるのを聞き、「国の境をお見せしましょう」と誘いましたので、韓子宿祢等は馬の轡（くつわ）を並べて行きました。

河のところで、大磐宿祢が馬に水を飲ませていると、韓子宿祢は後から大磐宿祢の鞍瓦の後橋を射ました。大磐宿祢は驚いて、振り返り、韓子宿祢を射落としました。

紀小弓宿祢は集解に「按ずるに紀角宿祢（きのつぬのすくね）の孫」とあり、孝元記の建内宿祢九人の子の五番目に木角宿祢（きのつぬのすくね）が書かれ、木角宿祢が前のノを省いた木津宿祢であることは前述しました。この観点からしますと、集解を丸呑みできません。

小鹿火宿祢（をかひのすくね）の小鹿火は、物部麁鹿火（もののべあらかひ）の麁鹿火と同類の名で、小谷を意味し、両名ともに北越前発祥で、麁鹿火が永平寺がある荒谷（志比谷）ですから、小鹿火はそれより小さい北越前の谷に由来するはずです。

采女の大海は、紀小弓宿祢の喪に従って日本に来ました。そして、大伴室屋大連に、どこに葬ったらよいかと聞きました。

大連はこのことを天皇に奏上すると、天皇は「汝大伴卿と紀卿等と、同じ国近き隣の人なり。由来すること久し」と申されました。

大伴氏の発祥は北越前であり、九頭竜川が谷間から平野に出るところの北岸にある久米田神社に、政界を引退した大伴金村が祭られています。

また、元禄時代に、各々八石余の給米で十郷用水の井守役をしていた二軒の大連家(おおむらじけ)が、十郷用水下流の下番(しもばん)村にありました。

大伴室屋大連は土師連(はじのむらじ)小鳥に墓を和泉国日根郡田身輪邑(たみわのむら)に作らせて葬らせました。

小弓宿祢の喪のために来た小鹿火宿祢は、周防国の角国に留まり、八咫鏡(やたのかがみ)を大連に贈り、「紀卿とともに天朝に仕えるのに耐えきれないので、角国に留めさせて頂きたい」と申し出ました。

大連はこのことを天皇に奏上し、角国に居留させました。

「この角臣等、初め角国に居り、角臣と名付けられること、これより始まる」と日本書紀にありますが、「初め角国に居り」について、私見があります。

孝元記の建内宿祢系譜に「木角宿祢は木臣・都奴臣・坂本臣の祖」とあり、また、坂本臣については、安康紀元年二月条に「坂本臣の祖根使主(ねのおみ)」とあります。

紀臣は、婚約承諾の印の玉縵(たまかつら)をだまし取った根使主と同族扱されるのを嫌ってか、木角宿祢とは別人の平群木菟宿祢(へぐりのつくのすくね)の後を称しました。

しかし、木菟の二字で鳥名のツク（みみづく）ですから、木と菟に分離するのは間違いであり、太田亮氏も姓氏家系大辞典でこれを指摘しています。

木角宿祢は木津宿祢がもとであることは前述しました。福井県大土呂駅の南に角原(つのはら)の地名があり、足羽川が日野川に合流する付近に角折の地名があり、えちぜん鉄道芦原(あわら)線が南から九頭竜川を渡るところに中角(なかつの)の地名がありますから、角折で東に曲がり、九頭竜川の上流に向かって角国が広がっていて、三国の一国を成していたようです。

初期の三国は角国・豊国(とよくに)・江野(えの)財国(たからくに)の三国から成り立っており、その初期の都は山代にあったらしいのです。山代国のシロは博多湾東北岸の和白のシロと同じで、首露(しゅろ)が居所としたからのようです。そして、周防への角国の転移は天津彦根命神裔の周防国造と関連がありそうです。

十三年三月に狭穂彦(さほひこ)の玄孫歯田根命(はたねのみこと)が密かに采女山辺小島子(うねめやまのべこしまこ)を奸(おか)したので、天皇は物部目大連に責め譲らせました。歯田根命は馬八匹・太刀八口を以て罪を償いましたが、「山の辺の、小島子ゆえに、人狙う、馬の八匹、惜しけくもなし」と歌にして言ったので、天皇は私財を餌香(えか)市辺(いちべ)の橘の木の根元に露(あら)わに置かしめ、物部目大連に餌香(えか)の長野邑を与えました。餌香はいまの大阪府藤井寺市あたりです。

この事件で、日子坐王(ひこいますおう)系（神武天皇系）の勢力が衰退しました。

十四年四月に天皇は呉の使者を饗応されようとして、接待者として誰がよいかを群臣に諮られますと、群臣は根使主（ねのおみ）がよいと答えました。

場所として、石上（いそのかみ）の高抜原が選ばれ、天皇は密かに舎人を遣わして装飾を見させました。舎人は復命して「根使主が着用していた玉縵（たまかつら）が甚だ華やかで麗しく、衆人は前にも使者を迎えるときに付けていたと言います」と伝えました。

それで、天皇は自ら見たまわんとし、臣連らに命じて、饗応したときの服装で殿の前に引見させました。

皇后は天を仰いで嘆き泣き悲しみましたので、天皇は理由を問いました。

婚約承諾の印の玉縵を根使主が横領したことが発覚し、天皇は根使主を斬ろうとしましたが、根使主は逃げ隠れて日根に至り、稲城を造って待ち戦いました。しかし、遂に官軍によって殺されました。

天皇は根使主の子孫を二分し、半分を大草香部（おおくさかべ）の民として皇后に封じ、残りの半分を茅渟県主に与えて袋担ぎ者とされました。

この茅渟県主は袋担ぎ者を使う運搬業を営む新羅王族の漢紀で、その子孫は漢王を称し、大和の葛城氏を倒して、継体天皇の大和入りを可能にしました。

漢王の娘が忍坂彦人皇子の妃となって生まれた子の茅渟王の墓が、北葛城郡王子町片岡にあります。

この茅渟王の娘が宝皇女（皇極天皇、斉明天皇）で、北越前に退いていた宝皇女と、その夫の田村皇子を、茅渟王が天皇として畿内に入れました。そして、幼いころの天智天皇を北葛城で養育したのです。

その権力には蘇我蝦夷（えみし）も勝てませんでした。これは、日本史の裏を余程熟知しないと引き出せない史実です。

伊勢大鹿首小熊─菟名子夫人
　┬田村皇女
欽明天皇─敏達天皇　┬舒明天皇（田村皇子）　┬天智天皇
　┬忍坂彦人皇子　┴天武天皇
息長真手王─広姫　┬茅渟王┬皇極天皇（斉明天皇、宝皇女）
　漢王─大俣王　┴孝徳天皇（軽皇子）

十八年八月に、伊勢の朝日郎（あさひのいらつこ）を、物部菟代宿祢（うしろのすくね）・物部目連（菟代宿祢の従兄弟）に討伐させました。朝日郎が放つ矢は二重の鎧を貫き、官軍は皆怖がりました。菟代宿祢は尻込みして、待つこと二日一夜に及び、目連が筑紫の聞物部大斧手（きくのもののべおおおのて）を従えて突き進みました。朝日郎が放った矢は大斧手の楯と二重の鎧を射抜き身の肉に一寸入って止まりました。それでも、大斧手は楯で物部目連をかばい、目連は朝日郎を捕えて斬ることができました。

菟代宿祢は恥じて七日経っても復命しませんでした。天皇は侍臣に問われ、真相が分かり、菟代宿祢の所有する猪使部を奪って目連に与えました。

続紀養老元年三月条に左大臣石上麻呂（いそのかみまろ）は物部目連の後とありますが、真偽のほどは分かりません。

旧事紀天孫本紀は、五十琴宿祢（いことのすくね）の子を伊己弗大連（いこふつおおむらじ）とし、伊己弗大連の子を目連としています。

生江物部氏の系譜

倭国造祖比香賀君―玉彦媛
物部五十琴宿祢
┬伊己弗大連―┬菟代
│　　　　　　└目連（雄略天皇のとき大連）
物部多遅麻大連―香児媛

注記　物部多遅麻大連のタジマは但馬によるのではなく、福井県坂井郡丸岡駅東方の田島によるようです。

五十琴宿祢は神功皇后の三韓征伐に随行した物部膽咋連（いくいのむらじ）の子孫のようで、漢語林を引きますと、膽咋の咋には「口中で積む」の字意があり、膽咋の膽を井と解釈すれば、イクイというのは「食に関する水の幸（さち）」です。

「水の神」は「山の幸」である「大山咋神」・「大山津見神」に対応し、食に関する「イクイの神」と「大山咋神」は対であり、この意味合いから、福井県坂井郡三国町の三国神社と、足羽川が谷間から出る北岸の成願寺町に鎮座する大山咋神社とに、大山咋神が祭られているようです。

　イクイが変化したのが生江らしいのであり、長田宮の近衛長官であった物部五十琴宿祢の祖先は、長田宮近くを流れる生江川（足羽川）流域を開発した生江氏と見るのが妥当で、これはまさに新発見です。

　この新発見を展開しますと、瀬戸内海の大三島に祭られている大山津見神が航海の神である説明ができまし、生江氏はこの航海の神の後裔と断定できるのです。それならば生江氏の祖先地は伊予だと、決めてしまうのは早合点で、北越前と伊予の先に両者の原郷があります。その推定は読者におまかせしますが、ヒントを添えますと「黄河山間部の治水」です。


二十年に高麗の王が百済を滅ぼし、百済の蓋鹵王が戦死しました。

二十一年三月に天皇は百済が滅びたことを知り、文周王に熊津を賜い、その国を救い興しましたが、文周王は翌々年に暗殺され、長男の文斤王が十三才で即位しました。

二十三年に文斤王が亡くなり、五年四月に来朝した末多王（蓋鹵王の弟、昆支の五人の子のなかの第二子）を内裏に招喚され、懇ろに誡められて、百済の王とされました。

日本書紀によりますと、末多王は武烈四年に亡くなりましたが、三国史記、百済紀によりますと、暴虐無道であったため、国人に殺されたそうです。

二十三年に、筑紫の安致臣・馬飼臣等が船団を率いて高麗を撃ちました。

八月に雄略天皇が亡くなると、任那に派遣されていた征新羅将軍の吉備臣尾代等が引き上げて帰国しましたところ、配下にしていた蝦夷（えぞ）が周りの郡を侵略したので、吉備臣は討伐しました。

清寧即位前紀によりますと、稚（わか）姫が自分の子の星川皇子を即位させようと画策し、星川皇子に大蔵を取れと教えました。稚姫はもと吉備上道臣田狭（かみつみちおみたさ）の妻でした。

大伴室屋大連の命令で、東漢掬直（やまとのあやのつかのあたい）が大蔵を囲み、火をつけて焼き殺しました。このとき、吉備上道臣が星川皇子を救おうとして、船団四十艘を率いて来ましたが、既に殺されたことを聞き、引き揚げました。

東漢直の祖先である阿知使主（あちのおみ）は、即位前の履中天皇を難波から大和の布留神宮へ馬で避難させた三人の中の一人なので、履中系の仁賢・宣化側です。それで、星川皇子は仁賢・宣化側によって殺されたのであり、この皇統と対立した雄略天皇に仕えた大伴室屋が星川皇子を殺せと命令するはずはないのです。

要するに、大蔵をどちらが取っているかで、正統なのか、非正統なのかが、決まる時代だったのです。

東漢直の大蔵攻め取りにより、正統は顕宗・仁賢側に移行した次第です。これを指摘した歴史研究者は未だありません。

古語拾遺に、「雄略天皇のとき、諸国の貢調が満ちあふれたため、さらに大蔵を建て、蘇我満智に命じて三蔵（斎蔵・内蔵・大蔵）を検校させ、秦氏がその物を出納し、東西の文氏がその簿を勘録す」とありまして、雄略天皇時代に大蔵の制度が確立したのです。

東漢直の大蔵焼き討ちにより、蘇我氏と秦氏は交代させられ、欽明天皇によって、両氏が復帰し、蘇我氏全盛時代の幕開けとなりました。

2-15 清寧天皇

清寧記によりますと、清寧天皇は磐余の甕栗宮にましまして天下を治めたまい、皇后が無く、子も無かったので、御名代として白髪部を定められました。この天皇の死後に皇位後継者が無かったので、候補者を探しますと、市辺押磐皇子の妹である飯豊皇女が葛城忍海高木の角刺宮にいました。

この記事を見ますと、清寧天皇は異なる皇統を接続するための架空天皇で、星川皇子を焼き殺した後のことを、この天皇時代として書いているのです。

2-16 武烈天皇

武烈天皇の 諱を古事記は小長谷若雀、日本書紀は小泊瀬稚鷦鷯と書きます。小長谷・小泊瀬は雄略天皇の大長谷・大泊瀬に対する諱で、若雀・稚鷦鷯は仁徳天皇の大雀・大鷦鷯に対する諱ですから、この天皇の父は雄略天皇で、母は仁徳天皇の皇女であった雄略天皇の皇后若日下王（わかくさか）のはずです。

この雄略天皇の皇后の名を、安康紀元年二月条は幡梭（はたひ）皇女とします。幡梭は織物を織るとき横糸を通すために激しく往来する道具ですから、この皇后は大和と北越前を頻繁に往来された女性らしく、その支援者として運搬業者がちらつきます。

日本書紀によりますと、雄略天皇が春日和珥臣深目（かすがわにのおみふかめ）の娘童女君（をみなきみ）を娶って生まれた春日大娘皇女（かすがおおいらつめ）を仁賢天皇が皇后とし、高橋大娘皇女・朝嬬（あさつま）皇女・手白香（たしらか）皇女・樟氷（くすひ）皇女・橘皇女・小泊瀬稚鷦鷯（をはつせわかさざき）（武烈天皇）・真稚（まわか）皇女が生まれました。この中に、第六子として武烈天皇があります。童女君はもと采女（うねめ）（侍女）でした。

日本書紀の系譜（括弧は古事記の系譜）

雄略天皇
┬春日大娘皇女、更の名は高橋皇女
春日和珥臣深目─童女君
仁賢天皇、更の名は島稚子
┬高橋大娘皇女（高木郎女）
├朝嬬皇女（財郎女）
├手白香皇女（手白髪郎女）、継体天皇の皇后
├樟氷皇女（久須毘郎女）
├橘皇女（無し）
├小泊瀬稚鷦鷯天皇（小長谷若雀命）、武烈天皇
└真稚皇女（真若王）

顕宗即位前紀に仁賢天皇の更の名として「島稚子（しまのわくご）」があり、仁賢紀に同天皇の字（あざな）として「嶋郎（しまのいらつこ）」と書かれていますが、島稚子（嶋郎）と仁賢天皇は別人でして、島稚子（嶋郎）は継体天皇と同じホムツワケ系のようです。しかし、島稚子（嶋郎）がホムツワケ系でないことが後で分かります。

この問題はしばらく置いておき、つぎに、古事記に書かれています皇子・皇女名について説明します。

第一子の高木郎女の高木は旧北陸街道が北越前を流れる九頭竜川を渡る橋の南岸にあります。

第二子の財郎女（たからいらつめ）の財は孝元記の建内宿祢九人の子の最後にある若子宿祢の後裔である江野財の財で、北越前の東尋坊を海岸とする高台です。

第三子の久須毘郎女（くすひのいらつめ）のクスヒは継体天皇の畿内での最初の宮殿があった樟葉（くすは）に似ており、この皇女が第四子の手白髪郎女らしいのです。北越前を流れる九頭竜川の長い谷間に栗須波（くりすは）という地名があり、栗須波のスハは諏訪で、ここに居たのは諏訪物部らしいのですが、クリスハが詰まったのがクスハのようです。なお、栗須波はサンサンホームが建てられた石上（いしかみ）の西近くなのに興味があります。両者は系統が異なり、前者が後に入って来たと考えられるからです。加えて、栗諏訪物部は国譲りを強引に押し進めた崇神側の倭直（やまとのあたい）とか、雄略天皇没後に大蔵を囲んで星川皇子を火をつけて焼き殺した東漢直（やまとのあやのあたい）とは犬猿の仲です。

第四子の手白髪郎女（たしらがのいらつめ）は継体天皇の皇后ですが、継体紀は白髪天皇（清寧天皇）の名代である白髪部と関連づけた書き方をしていまして、違和感があります。

第五子の小長谷若雀命（をはつせわかさざきのみこと）が武烈天皇です。

第六子の真若王は末子なので真に若いという表現ですが、この末子と第五子の武烈天皇を除きますと、全部北越前に関係します。

武烈即位前紀によりますと、子がなかった仁賢天皇が没すると、大臣であった平群真鳥（へぐりまとり）が専横で、国政を欲しいままにし、日本国王になろうとしました。武烈天皇がまだ太子であったときに、太子は物部麁鹿火の娘影姫を妃にしようと思いましたが、真鳥の子の志毘臣に邪魔されたので、太子は大いに怒り、大伴金村に命じて志毘臣を討たせ、志毘臣は奈良北部の丘陵で殺されました。そのあと、大伴金村は太子に申し出て、自ら兵を率いて真鳥の家を囲み、火を放って焼き、子弟さえもが殺されました。

志毘臣が殺されるとき、影姫は追って行き、驚き恐れ、所を失い、目に涙をためて、作った歌が、「いそのかみ、ふるをすぎて、こもまくら、たかはしすぎ、ものおおく、おおやけすぎ、はるひ、かすがをすぎ、つまこもる、をさほをすぎ、たまけには、いひさえもり、たまもひに、みずさえもり、なきからしいくも、かげひめあわれ」の歌謡です。

雄略天皇没時の大伴大連は室屋でしたが、武烈天皇即位前は金村に代わっていますから、この間に時代の空白があり、この空白期間が顕宗・仁賢の時代です。

「大臣であった平群真鳥が専横で、国政を欲しいままにし、日本国王になろうとしました」とあるのは、顕宗・仁賢の時代のことで、国政をほしいままにした平群真鳥に押されて、大伴室屋は政界を去り、それによって皇統が入れ替わり、顕宗・仁賢の時代が到来したようです。平群真鳥を支援したのは、大蔵を取ろうとして大蔵に籠った星川皇子を焼き殺した東漢直です。

福井市寮町にある勝縁寺が保有する古文書に、「徳治二年夏、勅免によって、戸倉次郎上野守宗嗣が越前に封じられて、平群山を賜り、寮勝縁寺に着陣、その北方に戸倉城を築き、云々」と記され、寮町・坂下町の地籍境東端の山上に戸倉城跡があります。この山につながる低い山並みが平群山です。

即位前の履中天皇を、難波から大和の石上（いそのかみ）へ避難させたのは、平群木菟（つく）宿祢・物部大前宿祢・東漢直の祖阿知使主（あちのおみ）の三人でした。平群氏はこのころから東漢直と親しかったのですが、履中天皇が北越前の平群山内にある長田で、息長氏に養育されているときから、平群氏は履中天皇に仕えていたわけです。

平群真鳥の専横は、北越前における志比の地名分布に、その痕跡が残っています。真鳥の子の志毘臣の名は北越前の志比に由来し、永平寺があるところが志比の大字で、その北に物部麁鹿火（あらかひ）の原郷である荒谷があります。そして、永平寺町の東が上志比村で、そこは九頭竜川の谷間にあたります。

肝心なのは、この範囲が北越前物部氏の発祥地であることです。つまり、平群氏が物部氏の原郷を占領したわけです。その範囲のみならず、ずっと西に志比口という大字名があり、えちぜん鉄道の福井口駅を昔は志比口駅と称しました。

つまり、今の永平寺町より五キロほど西まで勢力が拡大していたのであり、それは真鳥の時代と推定されます。

それが、大伴金村の力添えで、物部氏に返還されたわけで、金村が平群氏を倒したことにより、大和勢力のリーダーは、平群氏から大伴氏へと移り、武烈天皇の即位となったわけです。

大伴金村の金村も、九頭竜川に対して、志比谷と反対側にあります。今は、そこは上金屋と金元に分かれ、その北の下久米田の久米田神社に、大伴金村が祭られています。この広域金村が大伴金村の発祥地らしいのです。

そうしますと、武烈天皇の諱の小泊瀬は、金屋の南を流れる九頭竜川の分岐流によるらしいのであり、顕宗（けんぞう）・仁賢時代に大伴金村が金屋・金元付近で武烈天皇を養育したらしいのです。志毘臣の殺害も大和ではなく、この辺りだった可能性が強まってきまして、大和での影姫の歌謡は歴史小説の類らしいのです。

即位後の武烈天皇の並木宮は初瀬の長谷寺付近にあったとされます。この大和の初瀬を中心にして、小説が構成されていますから、即位前の経過を想定しにくくなっています。

孝元記の建内宿祢九人の子に平群都久宿祢（へぐりつくのすくね）があり、平群臣・佐和良臣（さわらのおみ）等の祖と注釈が付いていますから、この氏族の原郷は福岡市早良（さわら）区付近らしく、和名抄早良郡に平群郷があり、現在の同市西区戸切（とぎれ）付近でした。それで、この氏族は博多湾沖の志賀島を原郷とする石上物部（いそのかみもののべ）と同じグループのようです。

物部麁鹿火の初見は武烈即位前紀でして、この大連は宣化元年七月に死にましたが、その祖先・子孫は全く不明です。このことは、武烈天皇の祖先がうやむやな継体天皇の皇統に非常に近かったことを示しますし、麁鹿火が両天皇の擁立に力があったことをも示しています。

2-17　仁賢天皇・顕宗天皇

市辺押磐が大泊瀬皇子に殺されると、日下部連使主と子の吾田彦が億計（のちの仁賢天皇）・弘計（のちの顕宗天皇）を連れ出し、丹波の余社郡に行きました。ところが、使主は殺されることを恐れ、播磨の縮見山の石屋に逃れ入り自殺しました。

億計・弘計は使主がどこへ失せたか分からず、播磨の赤石郡に行き、名前を改めて丹波小子と自称し、縮見屯倉首に仕えました。吾田彦はここに来るまで離れずに付き添いました。

播磨国司になった伊予来目部小楯が赤石郡で自ら新嘗の供物を集め歩き、たまたま、縮見屯倉首が夜昼新築祝いをしているのに出会い、二皇子を見つけ出し、都に詣でて、二皇子を迎えるよう求めました。

都に戻った億計と弘計は皇位を譲り合ったので、姉の飯豊皇女が忍海角刺宮で天皇に代って政治を執りました。

飯豊皇女が亡くなってからも、二皇子は皇位を譲り合いましたが、遂に弟の弘計が明日香の八釣宮で即位しました。

この天皇の宮殿を古事記は近飛鳥宮、日本書紀は近飛鳥八釣宮とします。いずれも近飛鳥ですが、同じ大和の明日香でも、允恭天皇の宮殿を古事記は遠飛鳥宮と書いています。

河内にも飛鳥があり、いずれが近くて、いずれが遠いかは、どちらから見るかによって違いますが、弘計の祖先は大和を本拠とし、允恭天皇の祖先は河内・摂津・北越前を本拠にしていたからです。

元年四月に来目部小楯を山官（やまのつかさ）とし、姓（かばね）を山辺連（やまべのむらじ）の氏（うじ）と賜い、吉備臣を副として山守部（やまもりべ）を以て民とし給いました。

三年二月に阿閉臣事代（あへのおみことしろ）が任那に派遣され、月神が人にかかって、「わが祖の高皇産靈（たかみむすひ）は天地を熔かし造った功績があるので、民地を以てわが月神に奉れ」とのたもうたので、山城国葛野郡宇太村の地を以てし、壱岐縣主の祖先の押見宿祢が侍り祭りました。

同年四月に日神が人にかかり、阿閉臣事代に、「磐余の田を以て、わが祖の高皇産靈に献上せよ」とのたもうたので、神の乞いのままに田十四町を献上し、対馬下縣直が侍り祭りました。

同年三月に顕宗天皇が八釣宮で亡くなり、この年に任那に行っていて三韓の王たらんとした紀大磐が、望みを達せず、帰朝しました。

顕宗天皇が亡くなると、兄の億計が石上広高宮で即位しました。石上には父、市辺押磐皇子の由来である市川（布留川）が流れています。

四年五月に、的臣蚊嶋（いくはのおみかしま）・穂瓮君（ほへのきみ）が罪を問われ、獄につながれて皆死にました。

雄略系からの誘いに乗った嫌疑らしいのです。的臣は仁徳十二年八月に高麗が献上した鉄の的を盾人宿祢（たてひとすくね）だけが射通せたので、的臣といわれましたから、仁徳天皇の諱の大雀を受け継ぐ小長谷若雀命（武烈天皇）に近い氏族です。それで、この事件は王朝転覆の動きがあったことを示します。

十一年八月に仁賢天皇が正殿で亡くなりました。

顕宗天皇の飛鳥の八釣宮は、穴穂天皇の穴穂宮と同じく、北越前からの転移で、その名は允恭天皇の第六子の八釣白日子王の語源である北越前吉野谷にあった長田宮の台地を囲む八個くらいの堀によるらしく、以前は白日子王の大和での居所で、大和の飛鳥も大軽（八十ページ参照）の内であり、北越前吉野谷の長田宮跡北々西に、飛鳥に似た鳥越の小字があります。

日本書紀によりますと、仁賢天皇は雄略天皇が和珥臣深目の娘童女君を娶って生まれた春日大娘皇女を皇后とし、高橋大娘皇女・朝嬬皇女・手白香皇女・樟氷皇女・橘皇女・小泊瀬稚鷦鷯天皇・真稚皇女がありました。また、和珥臣日爪の娘糠君娘が春日山田皇女を生みました。

仁賢紀に「億計天皇の諱は大脚、更なる名は大為。字は嶋郎」とあり、顕宗紀に「その二を億計王ともうす。更の名は嶋稚子、更の名は大石尊」とあり、大石は父の押磐の名に似ています。

問題なのはアザナの「嶋郎」、更の名の「嶋稚子」であり、この皇統にとって、嶋といえば、志賀の高島に対する北越前吉野谷の島です。

蘇我稲目の子馬子が住居を構えた飛鳥の島ノの庄は馬子の家の庭に池があり、池の中に小さな島があったから、発生した地名らしいので、馬子以前に島ノ庄の地名はなかったらしいのです。それで、ここは「嶋郎」更の名の「嶋稚子」とは関係ないと見てよろしいのです。

仁賢天皇の父は市邊押磐で、母は葦田宿祢の孫ですから、北越前とは直接関係はありません。

つまり、嶋郎・嶋稚子というのは仁賢天皇とは別人で、武烈天皇の父を仁賢天皇とするための偽りなのです。それで、武烈天皇の実際の父は誰か？の疑問が発生します。

雄略記は天皇が大日下（おおくさか）王の妹、若日下部王をめとり、この大后に子が無かったとしますが、日本書紀は皇后である草香幡梭姫皇女、更の名が橘姫皇女の子について一切触れていないところに、怪しさが潜んでおり、この大后または皇后の皇子が武烈天皇らしいのです。

橘は東大阪市立花町の地に由来し、同市に日下町もありますが、昔の草香は広域だったようです。

継体天皇の時代に韓国に出陣した近江毛野臣（けののおみ）の従者に河内母樹馬飼首御狩（おものきおびとみかり）があり、この母樹は東大阪市立花町の南々西隣にある豊浦町の地とされています。

雄略天皇の皇后である草香幡梭姫（くさかはたひひめ）皇女の幡梭は、ここの馬飼首の養育を受けたからのようで、履中天皇の皇后にも草香幡梭皇女がいましたが、同名異人です。しかし、いずれもこの地に由来する名です。つまり、幡梭は馬による往来と関係があるのです。

3　継体天皇から天武天皇まで

3-1　継体天皇の父系と母系

継体天皇の諱を古事記は袁本杼とし、日本書紀は男大迹と書きます。この天皇の三代前が意富々等王で、袁は小、意は大ですから、小ホトと大ホトです。

神武記に「三輪の大物主神、見て感じ、その美人の大便なすとき、丹塗矢に化して、溝より流れくだり、その美人の富登を突きき」とありますので、ホトというのは女性の陰部のことです。

しかし、ここでのホトを、そのように解釈すると、皇室に失礼ですので、古語辞典を引きますと、「地形が陰になっている部分」ですから、その意味は谷間であり、安康天皇の諱である穴穂と同じ意味です。

つまり、継体天皇の三代前は大穴穂に住み、継体天皇は小穴穂に住んでおられたわけで、大穴穂というのは北越前の九頭竜川谷間で、小穴穂というのは吉野谷らしいのです。

この大穴穂王は允恭天皇の皇后、忍坂大中姫の兄です。それで、「継体天皇はどういう皇統の天皇ですか」という質問には、「允恭天皇の皇后の実家の惣領です」と答えるのが最も的を射ています。これが案外知られていないのが不思議です。

古事記は「品太(ほむた)天皇の五世孫、袁本杼命(をほどのみこと)を近淡海国(ちかつおうみのくに)より上り坐(ま)さしめて、手白髪命(たしらかのみこと)に合わせ、天下を授け奉りき」と書きますが、近江より上京したのではなく、北越前からです。古事記は継体天皇の母系を息長氏に求めた系譜を拾い上げ、近江の息長庄を念頭に置いて、誤った書き方をしています。しかし、近江の息長庄を探求しても、何も出てきません。

父系については、日本書紀も同じですが、品太天皇（応神天皇）の五世孫というのも間違いで、品夜和気(ほむやわけ)天皇（履中天皇）の五世孫とすれば、正しい皇譜になります。

記紀によりますと、履中天皇には、羽田矢代宿祢の娘とも葦田宿祢の娘とも言われる黒媛の間に、市邊押磐(いちべおしいわ)皇子・御馬(みま)皇子・飯豊(いいとよ)皇女があり、のちに皇后となった幡梭(はたひ)皇女との間に中磯皇女がありました。

そして、中磯皇女は仁徳天皇の皇子大草香(おおくさか)皇子の妃となり、眉輪王を生みました。

しかし、記紀の系譜では、履中天皇の年代が一代繰り下がっており、履中天皇の後に一代の不詳皇子があります。

この複数の不詳皇子のあとが、オオホド王・ヲホド王（継体天皇）らしいのです。そうしますと、この不詳皇子の一人が若野毛二俣王ということになます。

履中即位前紀に羽田矢代宿祢の娘を黒媛としていますが（2-3参照）、履中紀元年七月条は葦田宿祢の娘を黒媛としています。
これらのことから、羽田矢代宿祢の娘が生んだ子が若野毛二俣王です。
仁徳天皇と履中天皇の世代逆転に反論する歴史家はこのことに気付くべきです。

このように父方を訂正して、母方を見ますと、履中天皇が河俣仲彦の娘、弟比賣麻和加（弟媛）を娶って生まれた御子が若野毛二俣王（稚野毛二派皇子）で、若野毛二俣王の子が意富々等王・忍坂大中姫です。

そうしますと、河俣仲彦の娘、弟媛というのが、羽田矢代宿祢の娘、黒媛なのであり、河俣仲彦というのは羽田矢代宿祢なのです。それで、後述します近江毛野臣の里を流れる日野川上流が、若野毛二俣王の本居だったことが分かります。

注釈を加えますと、近江の日野川上流付近に上羽田の地名があります。また、河俣は河派とも書き、派は「分かれる」と言う意味であり、近江の日野川上流は、まさに、このようになっています。

また、羽田八代宿祢は建内宿祢九人の子の第一子として孝元記にあり、ここにいたのは建内宿祢の同族です。

日本書紀の系譜（応神天皇を履中天皇に変更）

品夜和気天皇（履中天皇）
┬若野毛二俣王
│　┬意富々等王―乎非王―宇斯王―乎富等（袁本杼・男大迹）王
│　├忍坂大中姫（允恭天皇の皇后）
│　└弟姫（藤原琴節姫、允恭天皇の妃）
河派仲彦―弟姫真若
百磯城真若中姫

釈紀十三引用の上宮記逸文には、若野毛二俣王の父を、凡牟都和希（ほむつわけ）王としてありますから、これにならって、履中天皇をホムヤワケとした方が、紛らわしくなくなります。

ホムツワケ皇子は垂仁天皇の皇子にもいましたが、こちらの皇子は継体天皇の祖先とは無関係で、垂仁天皇の皇子については、次のようなことが記紀に書かれています。

垂仁二十三年十月に、天皇が大殿に立たれ、ホムツワケ皇子が侍り、鵠（くぐい）が大空を飛び渡りました。皇子はこの鵠を見て、「これ何物ぞ」と初めて言葉を発したので、天皇は大いに喜びたまい、鳥取造の祖先に追わせ、出雲で捕えたとも、但馬で捕えたともいうと、日本書紀に書かれています。

しかし、古事記は、紀伊―播磨―因幡―丹波―但馬―近江―美濃―尾張―信濃―高志（こし）の順に追って、和那美（わなみ）の水門に網を張って捕えたと書いています。

ここにある高志は越前のことで、ワナミの水門に相当するのが、北越前吉野谷島村の長田宮跡を取り巻く幾つかの堀の流れの出口にある灌漑用水門です。

武烈天皇の列木宮をナミキノミヤと読みますように、列(なみ)は「並み居る」のナミなので、長田宮跡の台地を輪のように並み居る幾つもの堀が輪列(わなみ)なのです。

百磯城真若中姫(ももしきまわかなかひめ)は、允恭天皇の宮殿新築祝いのとき、弟姫（藤原琴節姫）とともに、近江の坂田に居ました。坂田の直ぐ南に息長庄があり、百磯城は崖で囲まれた北越前吉野谷の長田城台地の城のことですから、百磯城真若中姫は息長氏のようにみえますが、そうとは限りません。

古事記は弟姫真若を息長真若中姫とし、更に、河派仲彦を杙俣長彦王とし、この王を息長田別王の子としていまして、息長系譜に取り込まれた偽系譜を採用しているからです。

前述の上宮記は河派仲彦を□俣那加都比古(またなかつひこ)としています。□はサンズイに至の難しい漢字ですが、カワと読めばよいようです。

乎非王(をひ)のヲヒは甥のようで、誰の甥かと申しますと、允恭天皇の皇后の甥ですので、この皇統にとって、如何に忍坂(おしさか)大中姫の影響力が強かったかが分かります。

宇斯王のウシは「主」のことです。丸岡町に牛ノ島の大字があり、その南の永平寺町島に牛黒田の小字があります。牛黒田の黒は畔(くろ)で「小高いところ」を意味し、田は谷なので、牛黒田は「王がいる小高い台地がある谷」を意味し、牛黒田の地積はこの台地を含んでいたはずです。神功皇后の長男である履中天皇も、ここで育ったようです。

宇斯王は本居の牛ノ島か、祭祀地の牛黒田に居り、志賀の高島郡三尾に別宅を構えて、志賀の別宅に居たとき、振姫（ふりひめ）の顔容がきらぎらしく、甚だ麗しいこと聞き、使を遣わし、三国の坂中井にて結納の儀式を行い、妃とされました。

日本書紀の「使を遣わして三国の坂中井に聘じ」の「聘」を漢語林で引きますと、「招く」のほかに、「仲人を立て、贈り物を届けて、正式に妻をめとること」の意味があります。

そのころの「三国の坂中井」の三国は、今の坂井郡に加え、飛び地として、坂井郡の発生源であり、祭祀地でもあった坂中井（吉野谷の島村）を含んでいたようです。

坂の中にある井というのは、吉野谷島村の長田坂の中にある台地を囲む幾つかの堀のことです。ここは三国国造の祭祀地でした。それで、特別な地区を表す島という村名が付いています。ここが、坂井郡の郡名の発生源で、坂中井の中が取れて、坂井の郡名になった経過がうかがえます。

九二七年に成立した延喜式神名帳坂井郡に記載されている神社は三十三社あり、最初が布久漏（ふくろ）で、二番目が坂中井です。昭和時代に島村の台地上にあった神社は天照大神を祭る神明神社ですが、この神社に室町時代の古い木造狛犬がありました。

三番目の御前をミサキと読めば、帰雁記にある「臼湯の跡」が想起され、潟が遠く離れた海岸にある事代主神を祭る大湊神社につながり、これは十三ページの長田神社と一致します。

そうしますと、島村長田に祭られていたのは事代主神で、この神はこの神社の東方で、東から順にある荒谷（麁鹿火（あらかひ））・荒山（麁山・吉野ヶ岳）・荒川（麁川）と深い関係のあるアラ神らしいのです。このアラ神はアラーの神に通じますので、事代主神の祖先地は中近東あたりです。

事代主というのは「天にまします神の意を代理して伝える御主人」という意味であり、「天にまします神」というのが「アラーの神」・「アラ神」です。

振姫の実家は坂井郡の三尾にあり、高島郡の三尾にも同族の三尾氏がおり、両方の三尾に伝馬の駅がありました。この伝馬を運営していたのが河内馬飼首のようで、そのルートを利用して物流に携わっていたのが茅渟王らしいのです。

継体天皇が幼年のころ、父の宇斯王が亡くなり、実家から遠くに離れていては、育てるのに不安なので、振媛は越前の高向に里帰りして、天皇を育てました。

この高向というのは、坂井郡の三尾あたりの広域名です。明治二十二年から昭和三十年までにあった高椋村は、地元でタカボコと呼ばれ、北は一本田福所、東は山崎三ケ・大森・野中山王・板倉、南は高田・四ツ柳・高瀬・高柳、西は舟寄が境界でした。この範囲が高向に相当するのですが、初期の高向はこの範囲より北の三尾（いまの馬場あたり）を含んでいたようです。

それが、ウシ王のときに、この王が南部の牛ケ島に移ってから、高向の範囲が南に移動したらしいのです。

釈紀所引の上宮記に、垂仁天皇―偉波都久和希―偉波智和希（羽咋国造）―伊波己理和希―麻加和希―大兄彦君（加賀国造）・阿加波智君（弟）―乎波智君―布利比賣の系譜があります。

大抵の系譜の始祖はインチキで、仕えた天皇とか有名人を始祖にしています。この系譜とて例外ではなく、振媛が垂仁天皇の七世孫だというのは真っ赤な嘘で、前述しましたように三尾氏は能登半島で発祥した氏族です。

三国遺事巻一に次のようなことが書かれています。

新羅阿達羅王四年に東海の浜辺に延烏郎(えんおらん)・細烏女(せおにょ)という夫婦が住んでいて、ある日、延烏郎が浜辺で藻を採っていると、一つの岩が彼を乗せて日本まで運んで行き、そこの国の人たちが王として奉りました。夫を捜しに出た細烏女も同様に岩によって運ばれ、そこで夫婦が再会し、妻は貴妃に定められました。このとき、新羅では太陽と月の光が同時に消え、気象関係の役人が「太陽と月の精が我が国から日本に行ったため異変が生じた」と王に言上したので、王は使者を日本に遣わし、二人を捜したところ、延烏郎が「天命で日本に来たので戻れないが、妃の織った布を持って帰り、天に祭ればよい」と言い、その通りに祭ると、太陽と月がもとに戻りました。そこで、天に祭った場所を迎日県と名付けました。

能登の三尾から近江の三尾までの面積は、新羅の国土に匹敵する面積です。そして、迎日県の海岸が迎日湾で、三尾氏はこの湾から能登へ到着したらしいのです。また、延烏郎という烏野郎は記紀が書く神武天皇を熊野から北紀伊まで道案内した八咫烏(やたからす)に通じ、八咫烏に先導された大来目(おおくめ)は三尾氏だったのです。

3-2　継体天皇の即位

継体即位前紀に次のようなことが書かれています。

武烈天皇崩じましぬ。もとより男女無くして、継嗣絶ゆべし。大伴金村議りていわく、「まさに今絶えて継嗣無し。天下いずれの所にか心をかけん。いにしえより今にいたるまで、禍これより起こる。男大迹王、性、慈悲ありて、孝順なり。天緒承るべし。願わくば、懇ろに勧進たてまつり、帝業を栄えしめよ」という。

物部麁鹿火大連・許勢男人大臣等みないわく、「枝孫をくわしく選ぶに、賢者はただ男大迹王のみ」という。

臣連を遣わして、節を持ち、法賀を備えて、三国に迎え奉る。兵仗挟み衛り、容儀粛しく整え、前駈警蹕、奄然にして至る。ここに、男大迹天皇、しずかに自若し、あぐらにましまして、陪臣を整え列ね、すでに帝のましますが如し。

節を持つ使等、これによりて、かしこまり心を傾け命を委せて忠誠を尽さんことを願う。しかるに、天皇、意の裏になお疑いありとして、久しくして就かず。たまたま、河内馬飼首荒籠を知れり。密かに使を遣わし、つまびらかに大臣・大連等の迎え奉る所以の本意を述べ申さしむ。

とどまること二日三夜ありて、遂に発つ。すなわち、嘆きてのたまわく、「よきかな、馬飼首、汝もし使を遣わし来たり告ぐこと無かりしかば、殆ど天下に笑われなまし。世のいわく、貴賤を論ずることなかれ。ただその心をのみ重んずべしというは、けだし荒籠をいうか」とのたまう。践祚（せんそ）するにいたりて、厚く荒籠に寵待を加う。天皇、樟葉宮（くすはのみや）に到りたまう。

樟葉宮は今の大阪府枚方（ひらかた）市楠葉の地にありましたが、「樟葉宮に到りたまう」とあるのは、意味が深く、そこには宮殿となる建物が既にあったはずです。

福井県吉田郡上志比村に栗住波（くりすなみ）という珍しい地名がありまして、そこは石上（いしがみ）の西隣です。このイシガミが大和のイソノカミの元であることは前述しましたが、栗住波をクリスハと読めば、クスハに近い地名になります。つまり、枚方のクスハの元は上志比の栗住波のようです。これはイソノカミの元がイシガミであることと似ています。

継体天皇の都は五年十月に山城国筒城（つつき）、十二年五月に弟国（おとくに）と、大和の域外を移り巡ってから、大和に入り、磐余（いわれ）の玉穂に遷都したのは二十年九月でした。

3-3　磐井の乱

継体十六年（五二二）に、筑紫国造（くにのみやつこ）の磐井君（いわいのきみ）は年号を善化と制定し、倭国の王者であることを内外に示しました。

継体二十一年六月に、継体天皇は近江毛野臣に六万の兵を与えて、任那に行かせ、新羅に敗れた金官加羅とその周辺を取りもどし、任那に合わせようとしました。磐井君はこれを遮ろうと、間隙を伺いました。

事情を知った新羅は磐井に賄賂を贈り、毛野臣の軍を防ぎ止めるよう勧誘しました。

肥国・豊国をも支配していた磐井は、継体天皇に仕えようとせず、高麗（こま）・百済・新羅・任那等が年毎に貢ぐ船を欺き、任那へと派遣した毛野臣の軍を遮ったので、毛野臣は絶たれて、途中で停滞してしまいました。

それで、天皇は群臣を集め、将となるべき者を諮問されると、大伴大連等は皆、「物部麁鹿火（もののべあらかひ）をおいて他にない」と申しました。

それで、物部麁鹿火は磐井と筑紫の三井郡で交戦し、遂に磐井を斬り、境界を定めました。この物部麁鹿火は生江物部氏らしいのです。

磐井の子である筑紫君葛子は、父の罪によって誅されることを恐れ、糟屋屯倉を献上し、死罪をつぐなうことを申し出ました。

3－4　近江毛野臣

継体二十三年に百済王が「朝貢の使者が毎回波風に苦しみ、貢物が湿り色あせるので、加羅の多沙津（たさつ）を朝貢の津路としたい」と多利国守の穂積押山に願い出たので、押山は大伴金村大連に願い出ました。この結果、物部伊勢連父根等が勅旨として派遣され、加羅の王が「この港は加羅が朝貢に使っているので、たやすく百済に渡せない」と反対しました。それで、別の使者を派遣し、百済に多沙津を与えました。

このため、百済は日本を怨んで、新羅につき、加羅の王は新羅の娘を迎え、児が生まれました。しかし、妃を送るときに従者に新羅の変な服を着せさせたと任那が言ったり、娘を返せと新羅が言い返したりして、揉めごとが絶えず、新羅はやがて刀迦・古跛・布那牟羅の三つの任那の城を奪い、北の境でも五つの任那の城を奪い取りました。

そこで、継体天皇は近江毛野臣を安羅に派遣し、新羅を勧誘して、南加羅・碌己呑を建国しました。

同年四月に任那の国王が日本に来て、大伴金村に任那の救助を願い出ました。

金村は願いのままを天皇に奏上し、この月に金村は任那の国王を本国に送らせ、任那に居た近江毛野に「奏するところを尋ね問い、相疑うことを和解せよ」と告げました。

そこで、毛野臣は新羅・百済の二国の王を召し集めましたが、二国の王はともに自ら参らず、使者を派遣しました。

毛野臣は大いに怒り、「なぜ国王が来ないで、軽く使者を寄越すのか、今もし汝等の王が自ら来て勅を聞くと言っても、我は敢えて勅しない。必ず追い返す」と言いました。

二国の使者はかしこまって、おびえ、自国に帰り、このことを各々の国王に伝えました。

新羅は改めて、大臣に軍隊三千をつけ、勅を聞きたいと申し出ました。

毛野臣は遥かに数千人の兵隊が囲み巡っているのを見て、熊川から任那の己叱己利（こしこり）城に逃げました。

新羅の大使は釜山南の多多羅原に三か月滞在し、我が軍に礼儀を以て仕えず、しきりに勅を聞きたいと申しました。

しかし、勅語は遂に出ず、大臣が率いる兵隊たちは村落に食を乞いました。

この乞う者が毛野臣の従者である河内馬飼首御狩（おびとみかり）の家に寄りましたので、我が家に帰って来た御狩は他の門から入り、門内に隠れて、乞う者が過ぎるのを待ち、握り拳で遠く射る真似をしますと、乞う者は「謹んで三か月待って勅旨を聞こうとしても、なお宣（の）りたまわないのは、偽って大臣を殺そうとするからだと分かった」と言って立ち去り、大臣に報告しました。

そこで、大臣は四つの村を攻め取り、すべての従者を率いて新羅に帰りました。ある人が「多多羅などの四つの村が掠め取られたのは、毛野臣の過ちである」と言いました。

継体二十四年九月に任那の使者が日本に来て、「毛野臣が馬山に舎宅を建てて駐留すること二年になるけれど、怠けて、日本人と任那人との間に生まれた子の帰属についての訴訟を決めがたく、毛野臣は好んで誓湯（うけゆ）を置き、『誠なる者はただれず、偽りある者は必ずただれん』と言うので、湯に投じて、ただれ死ぬ者が多いし、吉備韓子那多利・斯布利（しふり）を殺し、常に人民を悩まして、最後まで和解しない」と申したので、天皇はその行状を聞かれ、人を派遣して召されましたが、毛野臣は帰朝せず、人目をはばかりながら、河内母樹（おものき）馬飼首御狩（おびとみかり）を帰京させて弁解しました。

十月に調吉士(つきのきし)が任那から来朝し、「毛野臣の人となりが、傲慢で、最後まで和解することなく、加羅を擾乱し、言うことを聞かず、意のままに行動し、患(うれ)いを防ぐ気持ちがない」と申しました。この年に毛野臣は召還され、対馬まで来て病で亡くなりました。送葬するとき、川を逆って近江に入り、その妻はつぎの歌を詠みました。

枚方(ひらかた)の　笛吹きのぼる　近江のや　毛野の若子(わくご)い　笛吹きのぼる

この妻が帰った所が不明になっており、謎になっています。筆者の探求では、孝元記に羽田矢代宿祢(はだやしろのすくね)の子孫として波多臣(はたのおみ)・淡海臣(あふみのおみ)・林臣があり、滋賀県八日市市に上羽田町、その西に竜王町林がありますし、近江毛野臣は淡海臣ですから、毛野臣の妻はこの付近へ帰ったはずです。また、継体天皇の祖先の若野毛二俣王の野毛が、近江毛野臣の毛野に当たりますので、近江毛野臣は継体天皇の遠い母系と同祖です。

3-5　皇位継承　その1

継体紀元年二月条に、「白髪天皇の嗣(みつぎ)が無かったので、臣の祖父室屋をして、州ごとに三種の白髪部(しらかべ)を置き、後世に名を留めんとされました。ああ痛ましい限りです。請い願わくば、手白髪(たしらか)皇女を立てて、納(い)れて皇后とし、神祇伯(じんぎはく)等を遣わして、神祇を敬祭し、天皇の息を求め、民の望みに誠に答えん」ともうす。天皇いわく『可』とのたまう」とありまして、仁賢天皇の皇女である手白髪皇女を皇后とし、生まれた皇子を即位させようとする大和勢力の希望が強いので、継体天皇は承諾せざるを得なかったような書き方です。そして、手白髪皇女を架空の白髪武廣国押稚日本根子（清寧）天皇と関係づけています。

しかし、前述しましたように、樟葉には既に栗諏訪物部氏が進出しており、手白髪皇女というのは、そこにいた栗諏訪物部氏の娘の久須毘郎女なのです。

栗諏訪物部氏は崇神天皇の強引な国譲り要求に反抗し、信濃の諏訪に逃れた建御名方神の同族で、このとき越前に遁れたので、崇神天皇に協力した倭直等とは犬猿の仲です。

それですから、記紀が書くような、懇請されて畿内に入ったのではなく、継体天皇自らの攻撃的な畿内進出だったようです。

継体天皇の畿内進出に貢献した栗諏訪物部氏の娘である手白髪皇女が生んだ欽明天皇が成人するまで、尾張氏の娘の子である安閑・宣化天皇が即位しました。尾張氏は大和西部を支配した古代氏族なので、当時の大和勢力も一目おいたようです。

安閑天皇は今の橿原市曲川町の金橋駅付近に宮殿を置き、仁賢天皇の娘である春日山田皇女を皇后とされました。

葦田宿祢を排除したあとでも、皇后選定にあたっては、大和勢力の意向を尊重されたようですが、この天皇には御子はありませんでした。

次の宣化天皇は檜隈（ひのくま）の廬入野（いおりの）に宮殿を置き、安閑天皇と同様に、仁賢天皇の娘である橘仲皇女（橘皇女、橘之中比賣命）を皇后に立てたとする皇譜が記紀に書かれています。

しかし、橘仲皇女は仁賢天皇の皇女ではありえません。仁賢天皇のもとで国政を欲しいままにしたのは平群真鳥で、橘部と関連する大伴金村はこの天皇の大連ではありませんでした。

仁賢
┬橘の中姫

欽明
┬5敏達（譯語田渟中倉太珠敷）

尾張連の娘
┬2安閑　春日大娘
1継体
┴3宣化（建小広国押楯）
　┬石姫（訓石如石。下郊此）
　├小石姫
　└倉若江王
手白髪皇女（仁賢の皇女）
┴4欽明

雄略天皇
┬春日大娘
和珥深目──童女君

欽明（きんめい）天皇の宮殿は今の桜井市金屋付近にありました。

欽明天皇の後は敏達天皇が百済大井で即位されましたが、その諱の渟中倉太珠敷には誰にでも分からない意味があり、母の石姫に「訓石如石」と注釈されています。

「訓石如石」を和訳しますと、「石を訓じること石の如くせよ」であり、「石をイワと訓じないでイシと訓じろ」という意味です。

この裏には「石に謎をかける」という古代の例え言葉があります。それは反応がまったくない例えですから、「謎をかけたのだが、その謎は全く分からないだろう」ということです。

つまり、「石姫の母系譜は偽物なのだが、真の系譜を探し出す人はいないだろう」と書いてあるのと同じことです。

しかし、並外れた眼力を以てすれば、石姫の皇子諱にある渟中倉に、石姫の真の母系譜を解く鍵が隠されていることが分かります。

渟中倉といえば、建内宿祢九人の子の最後にある若子宿祢の子孫として注釈されている「江野財」を想起させますし、皇極天皇の幼名である「宝皇女」を思い出させます。

つまり、石姫の母系地は北越前の東尋坊を西端とする高台にあるようですが、ここは違います。

吉野谷島村の長田城跡西方平地の寮・河水あたりはもと沼地で、土質改良が行われた区域ですから、ここが渟中倉に該当しますし、沼中倉は坂中井と同類の表記で、寮・河水の北に下中・上中・中ノ郷の大字があります。

また、太珠敷というのは、寮の勝縁寺が持つ古文書にある戸倉宗継が拝領した平群山のことのようです。

この天皇は欽明天皇の畿内系統ではありませんから、皇位継承に関して、北越前氏族の巻き返しがあったと考えられます。

そこで、北越前吉野谷島村台地の渟中倉と関係する石姫の母系実力者とは一体誰かという新たな謎が発生します。

この新たな謎を解くのが、石姫の母「橘の中姫」です。この「橘の中姫」は記紀が書くような仁賢天皇の皇女ではありません。

筆者の推察では、日本武尊（やまとたけるのみこと）の東夷征伐に同行し、相模から上総へ行く海路で暴風に遇い、我が身を犠牲にして海に投じた大伴氏の族で橘部の伴造だった家系の弟橘姫の宗女らしいのです。

景行紀四十年是歳条は弟橘姫を穂積忍山宿祢の娘としていますが、これも間違いです。任那四縣を百済に割譲したことを欽明元年に非難された大伴金村大連は政界を去り、北越前の下番（しもばん）村に蟄居しました。

通釈は古事記の財郎女（たからいらつめ）を日本書紀の橘仲皇女であろうとします。財郎女の財は下番を含む江野財の財です。

記紀の系譜では、橘中姫の弟に武烈天皇があり、この武烈天皇の接続も偽物なので、仁賢天皇を父とし、春日大娘を母とする、この皇子皇女系譜は全面的に信用できません。

用明紀元年五月条を見ますと、穴穂部皇子が先帝（敏達天皇）の皇后であった額田部皇女を奸そうとして、殯宮に入ろうとしたのを、三輪君が兵衛を召して宮門を固めて入らせませんでした。

そこで、穴穂部皇子は物部守屋大連に三輪君を殺させたとも、穴穂部皇子自らが殺したとも言われます。

三輪君は志賀の大友系であり、北越前に蟄居した大伴氏の指示に従って、渟中倉太珠敷（敏達）天皇を即位に導いたのは、志賀の穴系の大友氏のようです。百済救済の敗戦で、支持者であった漢王の勢力が激減した天智天皇は大友氏を頼り、没後に天武天皇による政変がありました。

3-6　蘇我氏の復活

宣化（せんか）天皇が檜隈（ひのくま）の廬入野（いおりの）で即位されると、蘇我稲目が大臣（おおおみ）に任じられました。稲目はここが初見で、雄略天皇のときに秦氏に出納を任せて三蔵を検校した蘇我満智（まち）以後の蘇我氏については全く不明です。これは雄略天皇没後に政変があり、王朝が代ったことを示しています。

公卿補任と紀氏家牒は、満智―韓子―馬背―稲目の親子関係を記しますが、真偽のほどは分かりません。

筆者の推定では、満智の子孫が稲目で、韓子の子孫が境部らしいのです。推古三十一年に境部臣雄摩侶が中臣連国とともに新羅を撃つ大将軍に任じられました。韓子も雄略天皇時代に韓国で戦っています。

舒明天皇即位前に境部摩理勢臣（まりせのおみ）が蘇我蝦夷（そがえみし）に殺されました。武系蘇我氏と大蔵系蘇我氏の争いです。

壬申（じんしん）の乱では、近江朝の将であった境部連薬が息長の横河での戦いで斬られましたから、境部連は近江の息長に本拠があったらしいのです。これに対し、同じく壬申の乱のときの大納言蘇我果安臣・蘇我臣安麻侶は近江朝に直接侍っておりました。


欽明天皇が若かりしとき、夢に人ありて、「秦大津父（はたおおつち）という者を寵愛すれば、壮大になり、必ず天下を有するだろう」と申しました。夢さめて使いを遣わして広く探しますと、山城国の紀郡の深草里（ふかくさのさと）に居ましたので、喜びたまうこと身に満ちて、珍しい夢なりと褒められました。それで、近くに侍らし、優しく寵愛されること、日に新らたで、大いに饒（にぎ）わい富み、践祚（せんそ）するに至り、大蔵省に拝されました。

これで、雄略天皇時代の大蔵体制に戻り整ったわけで、これが蘇我氏復活の基礎となりました。

3-7　大伴金村の引退

欽明元年九月五日に天皇が難波に行かれたとき、新羅を撃つには何程の軍勢を以てすればよいかと、群臣に尋ねられると、物部大連尾輿（おこし）（旧事紀は荒山大連の子とするも、間違い）は大伴金村が任那四縣を百済に与えてしまったので、新羅が長年の間怨んでいるので、やすやすと撃つべきでないと答えたので、大伴金村は病気と称して住吉の宅に閉じ籠って出廷しませんでした。

それで、天皇は青海夫人を遣わし、慰問されましたが、大伴金村は「臣が任那を滅ぼしたと諸臣が言うので、かしこまって出廷しないのだ」と申し、鞍馬を使者に贈り、厚く敬意を表しました。

青海夫人は天皇にありのままを報告し、天皇は罪を問われず、ますます優しく深く寵みたまいました。

この「ますます優しく深く寵みたまいました」が、歴史家たちに全く理解されていません。

元禄時代に、越前国坂井郡下番（しもばん）村で各々八石余の給米を貰って、十郷用水の井守役をしていた大連（おおむらじ）家が二軒ありました。

大連は大伴金村・物部守屋で終わっています。誰でも大連は名乗れないので、下番村の大連家が大伴金村の子孫であることは確実で、十郷用水取水口近くの久米田に式内社であった久米田神社があり、この神社に大伴金村が祭られています。

大伴金村大連は後にこの地から川下（かわしも）の番田（ばんでん）（上番・下番）に移ったようで、その子の大伴糠手連（ぬかてのむらじ）の糠手は泥濘（ぬかるみ）だった番田あたりを指しますし、番田のバンは大伴の伴（バン）です。

ここで力説したいのは、欽明天皇の次に即位した敏達天皇の母である石姫は、春日和珥臣（かすがわにのおみ）系ではなく、大伴氏の族で、橘部の伴造だった家系の娘であるということです。

古事記の石姫に注釈して「訓石如石。下効此」とあり、これは「下記の小石姫もこれにならえ」なので、小石姫にも謎がかかっています。

用明（橘豊日）天皇・推古（額田部皇女）天皇の母である堅塩（きたし）姫が、蘇我稲目の娘というのには疑問の余地はありませんが、堅塩姫の多くの子に、小石姫の子が混ざっているのが間違っています。これが「下郊此」なのです。

3-8　譯語田渟中倉太珠敷天皇

敏達（びだつ）天皇の諱である譯語田渟中倉太珠敷（をさたぬなくらふとたましき）の譯語田は、靈異記、帝王編年記に磐余譯語田とあり、いまの桜井市戒重（かいじゅう）の地とされますから、ここに、この天皇の宮殿があったのです。

そして、譯語田は天寿国繍帳に平沙多とあり、これを片仮名で書くとヲサタです。仲間のかしらである首長をオサと称しますから、北越前では吉野谷島村の長田が首長の祭祀地のヲサタで、坂井町の東長田・春江町の西長田の区域が首長の居住地のヲサダだったようです。

大和では戒重の地が長田だったらしいのです。そして、通訳を譯語と書いて敬称のオサと呼んでいたので、地名の長田（ながた）をオサダと呼び、譯語田の漢字を当てた経過がうかがえます。

古事記は「他田宮にましまして、天下を治めましき」と書きますから、どこの田に対して他なのかが問題になります。筆者が考えますには、それは北越前吉野谷の長田に対してです。

そのような訳で、敏達天皇の諱である譯語田渟中倉太珠敷は、越前吉野谷長田にある崖で囲まれた太い珠のような台地か、それを囲む平群山が語源のようです。

この天皇の宮殿は初め百済大井にありました。日本書紀によりますと、敏達四年正月に息長真手王の娘廣姫を立てて皇后とし、押坂彦人大兄皇子と逆登皇女と菟道磯津貝皇女が生まれました。宮殿を譯語田に造ったのはこの年です。

押坂彦人大兄の押坂は忍坂とも書き、その語源は吉野谷入口にある越坂にあります。越坂は今ではコイサカと言いますが、昔はオッサカと言われたらしいのです。

ここ出ている息長真手王については、幾らか疑問があり、それは後述します。

3-9　皇位継承　その2

敏達天皇のつぎに即位した用明天皇は、聖徳太子の父で、幼名は橘豊日皇子ですが、欽明紀では、父が欽明天皇、母が蘇我稲目の娘、堅鹽媛になっていまして、第一子です。

しかし、橘豊日皇子の豊日というのは、伴系譜にある大日命—角日命—豊日命—健日命—武持—室屋という系譜の中に、豊日命がありますから、母は蘇我氏の娘ではなく、大伴氏の娘らしいのです。

欽明天皇
┬用明天皇（橘豊日皇子、第一子）
蘇我稲目（疑問）―堅鹽媛

橘豊日皇子の橘というのも、石媛の母、橘中姫の橘と同じで、大伴氏の同族である橘部の伴造らしいのです。そうしますと、二代続いて大伴氏に縁のある天皇が即位したことになります。

欽明紀堅鹽媛第四子の推古（すいこ）天皇も疑わしく、諱の豊御食炊屋姫（とよみけかしきやひめ）にも豊が接頭されています。その別名は額田部皇女ですから、太田亮著の姓氏家系大辞典にある四十種類の額田部氏から、この皇女と関係ありそうな氏族を探しますと、穴戸国造の一族に額田部氏があります。

また、欽明紀二十二年是歳条に、葛城直（かつらぎのあたい）と額田部連（ぬかたべのむらじ）が外客接待役として新羅の使者を百済の後に導き入れたので、新羅の使者が怒り、船に乗って穴門に帰ってしまったことが書かれていますから、穴戸国造の一族であることは確実です。

大伴金村は任那四県を百済に割譲したことを非難されて、住吉の宅に引きこもり、宮廷に出仕しませんでした。金村は大連でもあり、外交をも担当し、外交の要所である難波の住吉に邸宅を持ち、対韓外交の出先機関があった長門の額田部氏と関係があったようです。

欽明紀の系譜

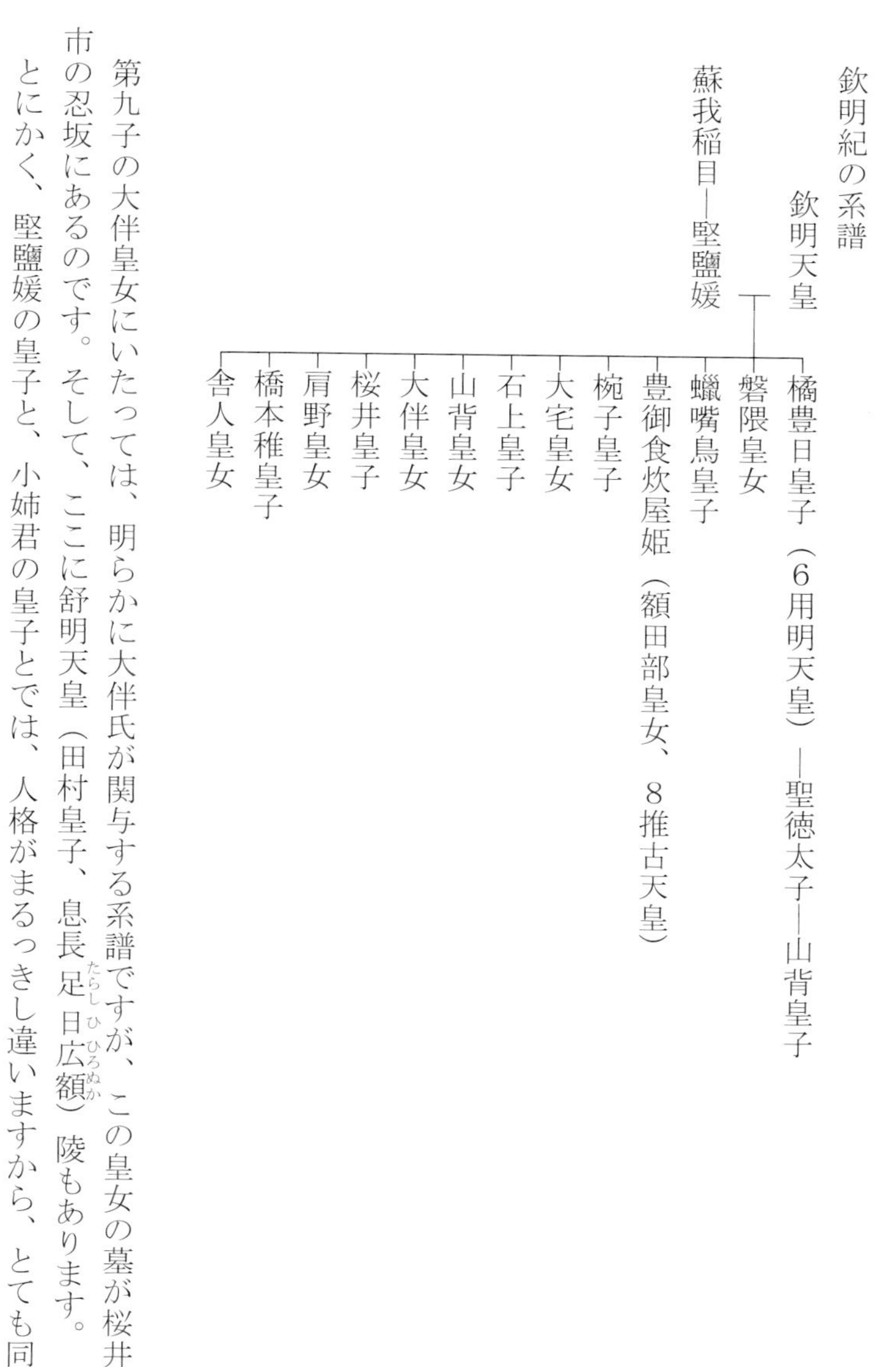

第九子の大伴皇女にいたっては、明らかに大伴氏が関与する系譜ですが、この皇女の墓が桜井市の忍坂にあるのです。そして、ここに舒明天皇（田村皇子、息長足日広額）陵もあります。

とにかく、堅塩媛の皇子と、小姉君の皇子とでは、人格がまるっきし違いますから、とても同一家系とは言えないのです。

これは前述しましたように、堅塩媛の多数の子の中に、小石媛の子が混ざっているからです。

日本書紀は欽明天皇の妃である小姉君を堅塩媛の妹としますが、古事記は姨（おば）とし、微妙な違いがあります。

しかし、小姉君が蘇我稲目の娘ということは本当かもしれず、稲目は大蔵を通して穴穂部・泊瀬部を掌握していたとも考えられます。けれども、本書では、そうでないとします。

穴穂部は安康天皇の諱である穴穂の名を、泊瀬部は雄略天皇の諱である大泊瀬稚武の名を後世に残すための組織です。

雄略十九年三月に詔（みことのり）して穴穂部が置かれました。穴穂天皇の名代（代理）ですが、このとき、蘇我満智（そがまち）が穴穂部の伴造（とものみやつこ）に任ぜられたのは想像に難くありません。

6用明天皇─聖徳太子
　　┬山背皇子

4欽明天皇
　┬穴穂部皇女
　├穴穂部皇子
　└泊瀬部皇子（7崇峻天皇）
蘇我稲目─小姉君

用明二年四月に、天皇が仏法に帰依しようとして、群臣に諮られると、蘇我馬子宿祢は天皇の仰せに従い、物部守屋大連と中臣勝海蓮が反対しました。このとき、穴穂部皇子が豊国法師を連れて内裏に入ったので、物部守屋大連が睨んで大いに怒りました。

押坂部史毛屎（おしさかべのふびとけくそ）が守屋に「いま、群臣が貴殿を落とし入れようと謀り、退路を絶とうとしている」と告げましたので、守屋は河内国渋川郡の阿都（あと）に退いて兵を集めました。

押坂部史については、神功摂政期に帰化した七姓の漢人のうち、李姓が刑部史の祖先です。これを以てしますと、忍坂氏は刑罰・軍事を専業とした物部の類だったことが推定されます。

中臣勝海は自分の家に兵を集め、守屋大連を助けましたが、考えなおし、皇太子であった押坂彦人皇子につき、彦人皇子の水派宮（みずまたのみや）に参向し、その帰り道で、彦人皇子の舎人（とねり）に殺されました。

このとき、大伴比羅夫連（ひらふのむらじ）は手に弓矢・革楯を持ち、蘇我馬子大臣の槻曲（つきくま）の家を昼夜離れず護りました。

欽明天皇のとき、大伴金村大連が任那の四縣を百済に割譲したことを守屋の父である物部大連尾輿に非難されて、住吉の宅に引きこもり、遂に政界から引退してしまった怨みが大伴比羅夫連にあったようです。

大伴氏の陰で育った蘇我氏は、馬子の代に、勢力が逆転していたのであり、大蔵を執った者の勝ちの時代でした。

用明天皇が亡くなりますと、物部守屋大連が穴穂部皇子と淡路で狩猟して穴穂部皇子の即位を謀ろうとし、密かに使者を穴穂部皇子のもとに遣わしました。このことが洩れ、額田部(ぬかたべ)皇女を立てようと思っていた蘇我馬子は佐伯連・土師連・的臣(いくはのおみ)に命じて穴穂部皇子と宅部(やかべ)皇子を殺させました。

翌月に、馬子は諸皇子と群臣を集めて、物部守屋大連を滅ぼすことを計画し、聖徳太子も軍の後に付き添い、八尾市跡部町にあった阿都(あと)の第(だい)を攻め、守屋とその子らを殺しました。

用明天皇のとき皇太子であった忍坂彦人皇子は何故か即位していません、この皇子の水派宮は、武烈三年に大伴室屋が城柵を造った百済大井宮の所か、そのあたりにあったようです。記紀の系譜で彦人皇子の父とされる敏達天皇は敏達四年に百済大井宮から譯語田(おさた)に遷都しました。この百済大井宮は北葛城郡広陵町百済にある百済寺の西方に位置する古寺池付近にあったようです。

ここは北流する高田川が東に向かって湾曲し、その下流で尾張川が合流し、さらに、その東を葛城川と曽我川が流れているので、水派の様相を形成しています。

百済大井宮があった付近は、後述しますように、室屋以来、大伴氏の大和での本居地でしたから、大和入りしてすぐここに仮宮を置かれた敏達天皇の母は、春日和珥臣系ではなく、大伴氏の族の娘なのです。

遷都先の譯語田という漢字は通訳を意味しますが、これをオサダと読むところに意義があり、百済寺がある百済の地名からしても、百済からの渡来人の影がちらつきます。それは、大連として外交をも担当した大伴室屋と金村の影響によるようです。

大伴金村が政界を引退し、北越前に移ったとき、百済寺の僧侶の一部が三国の一国である豊国に移り、豊原寺を創建し、そこの僧侶が前出の豊国法師らしいのです。

用明天皇が歴代天皇で初めて仏法を信じられたのも、豊原寺の影響らしいのであり、この天皇の諱の橘豊日は豊原寺の豊原と関係しているようです。


つぎに、同年八月に即位したのは泊瀬部皇子（崇峻天皇）で、翌年三月に大伴糠手連の娘小手子を立てて妃としました。

大伴金村大連―大伴糠手連―小手子
　　　　　　　　　　　　　　┣無し
　　　　　　　　　　　　崇峻天皇

崇峻五年十月に、山猪を献上する者があり、天皇は猪を指して、「いずれのときか、この猪の首を切るがごとく、朕が嫌いな人を切りたい」と言われ、平常より護衛の兵が多くなり、異常な状態になりました。

数日して、馬子はこのことを聞き、自分が嫌われることを恐れ、郎党を招き集めて、天皇を死なせようと謀り、崇峻五年十一月に行われた東国の貢物を献上する儀式に、馬子は東漢直駒を送り込み、崇峻天皇を暗殺しました。

この異常事態のなかで、翌月に群臣の推挙を受け、敏達天皇の皇后であった額田部皇女が豊浦宮で即位し、推古天皇となり、十一年十月に小墾田（をはりた）に遷都しました。

この天皇は用明天皇の同母妹で、仏教の興隆に極めて熱心で、恵妙（えみょう）法師を百済寺の寺主にし、来目臣・三輪色夫君（みわしこぶのきみ）・額田部連甥を法頭（ほうづ）にしました。

3-10　舒明天皇

記紀によると、舒明（じょめい）天皇は敏達（びだつ）天皇の孫、忍坂彦人大兄（おしさかひこひとおおえ）皇子の子です。

推古二十九年に皇太子であった聖徳太子が亡くなってから、皇太子は空席のままでした。推古天皇の葬礼が終わり、嗣位（ひつぎのくらい）がまだ決まらず、大臣（おおおみ）であった蘇我蝦夷（そがえみし）は独断で嗣位を決めようと思いましたが、群臣が従わないことを畏れ、阿部臣に頼み、群臣に「先帝が病で伏された日に、田村皇子に詔（みことのり）して、『天下は大任なり。緩むこと不可』とのたまい、また、山背（やましろ）皇子に詔して、『必ず群の言に従い、慎みて違（たが）うな』とのたまいましたが、今、誰を天皇とすべきか」と問わせました。

大伴鯨連が「天皇の遺命に従うのみ。更に群臣の言を待つべからず」と答えました。阿部臣が「その意を開け」と申しますと、鯨臣は「先帝が田村皇子に『天下は大任なり緩むこと不可』とのたまわれたことによれば、皇位は既に決まっている。誰も異言はできない」と言いました。采女臣摩禮志・高向臣宇摩・中臣連彌気・難波吉士身刺がこれに賛同し、許勢臣大麻呂・佐伯連東人・紀臣鹽手の三人が「山背大兄王を天皇にすべし」と意見を述べました。

斑鳩宮に居た山背大兄（父が聖徳太子で、母が馬子の娘刀自古）は、これを漏れ聞いて、三国王・桜井臣和慈古の二人を遣わして、叔父にあたる蝦夷の心を聞かせました。蝦夷は即答を避け、阿部臣・中臣連・紀臣・河邊臣・高向臣・采女臣・大伴連・許勢臣らに山背大兄の語を曲げて伝えました。

群大夫らが斑鳩宮に詣で、三国王・桜井臣を通して、蝦夷大臣の言を伝えたのは、「先帝が病に伏されたとき、田村皇子に『軽々しく、たやすく、行き先の国政を言うにあらず。慎みて言え。緩むこと不可』で、つぎに山背大兄に言われたことは『汝肝若し。諠言することなかれ。必ず群臣の言に従うべし』と申された」でした。

この伝えに対し、「私に申されたのは『国家の大基は、朕が世のみに非ず。本より務めよ。汝肝若しと言えども、慎みて言え』であった」と山背大兄は答えました。

これより前に、泊瀬仲王（聖徳太子が膳部加多夫の娘名菩岐々美郎女をめとって生まれた皇子で、別名は長谷部王・泊瀬王）が中臣連・河邊臣を召して、三国王・桜井臣に令して、群卿を添えて大臣の還言を聞かせましたが、大臣の返事は「先日言い終わりき」でした。

聖徳太子の母穴穂部皇女の弟に泊瀬部皇子があり、のちの崇峻天皇なのですが、こちらは欽明天皇の御子なので、聖徳太子の子である泊瀬仲王とは別人です。

三国王は継体天皇が北越前三尾を本拠にした三尾君加多夫の妹倭媛（やまとひめ）をめとって生まれた椀子（まろこ）皇子の子孫で、椀子は貴人の子弟を呼ぶ普通名詞だと考えられていますが、椀子の椀は丸岡城があった椀を伏せた形の山に依るようです。

記紀の系譜では、蘇我稲目の娘に堅塩（きたし）媛があって、欽明天皇の妃となり、桜井皇女を生んでいますから、桜井臣は蘇我氏の同族とみられていますが、堅塩媛の子には小石媛の子が入り込み、第九子の大伴皇女はその好例で、桜井皇女はその次の第十子ですから、桜井皇女も蘇我稲目の娘の子ではなく、大伴氏の娘の子とみて先ず間違いありません。

欽明天皇の宮殿は今の桜井市金屋付近にありましたから、桜井皇女の桜井はここの桜井に由来すと見て誤りないのですが、小石媛には謎がかかり、北越前に帰った大伴金村の娘のようなので、桜井臣が北越前を本拠とする三国王と繋がりがあったことは確かです。

時代は違いますが、膳部加多夫と三尾加多夫の加多夫は同じです。膳部といっても、同一の族ではなく、色々あり、加多夫の加多は潟なので、潟夫というのは近くに潟があった北越前三尾氏の屋号のようなもので、泊瀬王の母は北越前三尾氏らしいのです。ただし、皇子の名の泊瀬は北越前ではなく、泊瀬部によるようです。

蘇我氏の諸族が悉く集まり、嶋大臣のために墓を造って、墓所に宿っていました。このとき、摩理勢臣は墓所の庵を壊して、蘇我の家に帰り、仕えませんでした。

大臣は大いに怒り、身狭君勝牛・錦織首を遣わし、忠告しましたが、それでも従わず、斑鳩に赴き、泊瀬王の宮に住み込みました。

十日ほどして泊瀬王が亡くなり、大臣は摩理勢を殺そうと、兵を興して派遣しました。境部臣は軍の至ることを聞き、門に出て胡坐をかいて待ちました。そこへ軍が到着し、遂に来目物部伊區比によって縊られました。

ここで疑問なのは、蘇我蝦夷がなぜ田村皇子を即位させようとしたかです。それは、蘇我氏の内紛で、蝦夷が単に摩理勢を排除したかったばかりではなく、田村皇子の即位に反対した摩理勢を排除したかったのであり、蝦夷にとっては一挙両得だったわけです。しかし、なぜ蝦夷が田村皇子を即位させようとしたかは不明のままです。

田村皇子の田村は、金津の馬場付近にあった北越前三尾のすぐ南にある河和田・御油田・宇田・千田・本田福所・田島・長田と田のつく地名が密集している広域田村によります。

飛鳥の奥山付近にあった舒明天皇の岡本宮が舒明八年六月に火災にあったので、橿原の田中宮を臨時の皇居とし、十二年十月に百済宮に遷られ、十三年十月に舒明天皇はそこで亡くなりました。

舒明十三年は西暦六四一年です。日本書紀によると、このとき、東宮開別皇子（のちの天智天皇）は十六才でした。

天武天皇崩御は六八六年で、このときの天武天皇の年齢を、鎌倉時代の一代要記や南北朝期の本朝皇胤紹運録は六十五才とします。

これらの史料からしますと、天武天皇の生まれは六二二年（推古三十年）で、天智天皇の生まれは六二六年（推古三十四年）となり、天武天皇は天智天皇より四才年上ということになりますが、いずれかの史料に間違いがあります。

3-11　用明天皇の孫高向王

斉明紀の初頭に、「天豊財重日足姫（斉明）天皇は初めに橘豊日（用明）天皇の孫高向王に適して、漢皇子を生む。後に息長足日廣額（舒明、田村皇子）天皇に適して、二男・一女を生む」とあります。

この記事以外に漢皇子の名が記紀にありませんから、漢皇子は夭折したのだろうと考えられています。

蘇我入鹿が中大兄皇子によって殺されたとき、古人大兄が自宅に走り帰って「韓人、鞍作臣を殺せり」と叫びました。中大兄皇子が韓人ではありません。中大兄皇子に鞍作（入鹿）を殺させた影の人物が韓人なのです。

影の韓人とは中大兄の養育者であり、それが謎の漢王です。つまり、漢王に育てられたのは中大兄であり、漢皇子というのは中大兄皇子のことです。

中大兄皇子の別名を葛城皇子と言います。これは、大和の北葛城にいた葦田宿祢を滅ぼして、継体天皇の大和入りを可能にした漢王に、中大兄皇子が育てられたからです。

また、中大兄皇子の中は、兄弟の中ではなく、漢王である中家の茅渟縣主（ちぬあがたぬし）によって養育されたからです。

田村については前述しましたが、高向につきましては、継体即位前紀に「高向は越前国の邑（むら）の名なり」とあり、高向神社が鎮座する高田あたりと考えられていますが、実際に継体天皇の母が里帰りした高向の里は、前述した金津の馬場あたりなので、考えられています高向の位置よりも北のほうです。

昭和二十二年から昭和三十年まであった坂井郡高椋村はタカムクが正しいのですが、地元ではタカボコと呼ばれ、東は山崎三ケ・大森・野中山王・板倉、南は高田・四ツ柳・高瀬・高柳、西は舟寄、北は一本田福所に及んでいました。

それで、一本田福所より北の坪江・千田・宇田・御油田（ごゆうでん）は高椋村とは別でした。つまり、広域田村より幾らか南にずれて高椋村があったのです。

地名の範囲は時代の移り変わりによって変化しますから、当然のことですが、高向と田村は同一地域でした。

つまり、高向王というのは田村皇子のことです。そうしますと、漢皇子というのは矢張り兄の

中大兄皇子なのです

用明天皇の諱である橘豊日の豊日は豊原寺がある豊原とか、長畝（のうね）の住人で越前武士の祖とされる秦豊国にも通じ、三国の一国として田村をも含んだ豊国が存在したようです。

用明二年四月に、天皇が仏教に帰依されんとして、公卿等に議られたとき、穴穂部皇子が豊国法師を連れて内裏に入り、仏教の受け入れに反対だった物部守屋大連が睨んで大変怒りました。この豊国法師は豊原寺の僧侶らしいのです。

ここで新たな問題が発生します。それは、同一人（高向王と田村皇子）であるはずの、高向王が用明天皇の孫で、田村皇子が敏達天皇の孫だということです。

用明天皇が葛城直磐村（かつらぎのあたいいわむら）の娘廣子を妃として麻呂子（まろこ）皇子が生まれ、この皇子は当麻（たぎま）公の祖先だと用明紀元年正月条にあり、当麻は奈良県北葛城郡の西端にある地名です。

しかし、古事記には、当麻の倉首比呂（くらのおびとひろ）の娘飯女之子（いひめのこ）をめとって当麻王が生まれたとありますから、用明紀と違っています。

麻呂子は継体・宣化・欽明・敏達の皇子に椀子皇子・麻呂古王があるので、貴人の子弟を呼ぶ普通名詞と考えられていますが、いずれも北越前に関係した皇子名です。

当時の葛城直は生江系の葛城氏であり、この氏族は北越前の足羽川流域が発祥地ですから、葛城直磐村の娘廣子が生んだ麻呂子皇子の子が高向王（中大兄皇子、葛城皇子、天智天皇）なのです。

修正系譜

用明天皇

┬麻呂子皇子―高向王（田村皇子、舒明天皇）

葛城直磐村―廣子

漢皇子（葛城皇子、中大兄皇子、天智天皇）

大海皇子（天武天皇）

宝皇女（皇極天皇、斉明天皇）

記紀の系譜（＊敏達天皇と＊息長真手王は誤り）

伊勢大鹿首小熊―菟名子夫人

┬田村皇女

＊敏達天皇

┬舒明天皇（田村皇子）

天智天皇

┬忍坂彦人大兄（麻呂古）皇子

天武天皇

＊息長真手王―廣姫

┬茅渟王┬皇極天皇（斉明天皇、宝皇女）

漢王―大俣王

孝徳天皇（軽皇子）

記紀の誤り系譜と修正系譜とを見比べて見ますと、面白い結果が出ます。先ず、記紀の息長真手王というのが葛城直磐村ですが、葛城直は生江氏で息長氏ではありません。

次いで、記紀の廣姫が廣子なので、これは文句なく妥当です。

それから、廣子が用明天皇の妃となって生んだという麻呂子皇子が記紀の誤り系譜の忍坂彦人皇子なのです。敏達紀四正月月条にも、押坂彦人大兄皇子に割註して、「更の名は麻呂古皇子」とあります。

そうしますと、北越前の越坂（こいさか）で発祥した忍坂の地名と姓名は、息長氏が北越前の越坂に住んだからではなく、石上物部（いそのかみもののべ）と同類の越坂物部が越坂に居を構えたからのようで、忍坂彦人皇子や忍坂大中姫はこの生江系葛城直である越坂物部に養育されています。

用明紀二年四月条に「太子彦人皇子の像と竹田皇子の像を作り」とありますから、忍坂彦人皇子は明らかに用明天皇の皇子だったのであり、このことからも、敏達天皇の皇子ではありません。

3-12　謎の漢王

和歌山県泉南郡熊取町の五門の地名は、一〇九〇年に白河上皇熊野御幸の行宮（あんぐう）となったとき、唐破風の門を建てたことに由来し、土豪の中家は根来（ねごろ）寺成真院の田畑支配の代官的役割を果たし、その商域の北は、根来寺がある紀ノ川流域にまで及んでいました。根来寺は和歌山県那賀郡にあり、那賀郡のナガは福岡市博多区那珂より転移したことは前述しましたが、土豪の中家の祖先は和歌山県那賀郡・博多区那珂と関係し、神功皇后の随臣だったらしいのです。

また、熊取町あたりが昔の茅渟県でして、奈良時代の茅渟宮は今の和泉佐野市上之郷にあったとされています。ここは今の熊取町の西南で、日根野の南隣です。

雄略十四年に根使主(ねのおみ)が日根に逃れて、稲城を造り、待ち戦い、官軍に攻め滅ぼされました。このときの戦功として、根使主の子孫の半分を、袋担ぎ者として茅渟県主(ちぬあがたぬし)に与えられました。中家がこの物流にたずさわった茅渟県主の後裔らしいのです。

和泉国日根郡の大領であった日根造(ひねのみやつこ)は、姓氏録によりますと、新羅国人の億斯富使主(おしとのおみ)が祖先ですから、隣接する茅渟県主も新羅国人の子孫らしいのです。

それから、福井市丸山の丸山は、茅渟王の父である忍坂彦人大兄皇子の更の名、麻呂子皇子の由来地のようです。この山の東に中ノ郷(こ)・上中(かみなか)・下中(しもなか)の地名がるところが昔の中という村で、この中が中家ゆかりの地であり、新羅から渡来して朝廷に仕えた漢紀がここに居を構えたのでしょうが、ここの中は神功皇后の帰還と関係があり、福岡市博多区那珂が発祥地で、和歌山県那賀郡経由のようです。

雄略紀十六年十月条に「漢部(あやべ)を聚(あつ)めてその伴造(とものみやつこ)の者を定めよとのたまへり。姓(かばね)を賜いて直(あたい)という」とあります。このとき、漢使主(あやのおみ)から漢直(あやのあたい)に姓が変わったのが、茅渟県主の中家らしいのです。

この漢直は東漢直(やまとのあやのあたい)とは違います。坂上系図に引く姓氏録逸文によりますと、応神朝に帰化した七姓の漢人があります。応神朝と言っても実は神功皇后摂政時代です。

奈良県北葛城郡王子町の芦田池の西に中池があり、葦田宿祢を中家、つまり、茅渟縣主が葦田宿祢を追放して、この地に入ったことを示しています。

この茅渟縣主が新羅王族の漢岐であることは前述しましたが、芦田池の北に位置する片岡に、茅渟王の墓という片岡葦田墓があります。

茅渟縣主は忍坂をも領した越坂氏と、同族ではないかと思われるほど、密接な連携をとっていました。

その例かと思われる記事として、垂仁三十九年十月条の一説によりますと、茅渟の菟砥（うと）の河上に居た五十瓊敷（いにしき）皇子が河上という鍛名の者に一千口の太刀を作らせ、それを忍坂邑（おっさかむら）に蔵しました。

この一説が真実ですと、垂仁天皇の御世に忍坂邑があったことになりますが、この地に忍坂の地名が発生したのは後世のことのようで、本論のように、石上神宮に直接蔵したらしいのです。

3-13 蘇我氏の滅亡

蘇我稲目の子、馬子は明日香村島ノ庄に家を持ち、庭の中に小さな池を掘り、小さな島を造ったので、島大臣と呼ばれ、推古三十四年五月に死去しました。

馬子の子、蝦夷（えみし）は飛鳥の豊浦に住んで、豊浦大臣と呼ばれました。

皇極三年十一月に、蝦夷と、蝦夷の子入鹿（いるか）は、甘樫岡（うまかしのおか）に家を並び建て、蝦夷の上（かみ）の宮門と、入鹿の谷の宮門に、東漢直（やまとのあやのあたい）が怠りなく侍りました。

皇極四年六月八日に、中大兄（なかのおおえ）は密かに倉山田麻呂臣に、「三韓の貢の日に、必ず君に三韓の表文を読んでもらう」と言い、入鹿（いるか）を斬る計画を述べました。

十二日に、天皇が大極殿におられ、古人大兄が侍りました。中臣鎌子連は、蘇我入鹿臣の人となりが疑い深く、昼夜剣を持ち歩いていることを知っていたので、俳優に教えて、たばかって入鹿の剣を解かしめました。

入鹿臣は笑って剣を解き、中に入って座につき、倉山田麻呂臣が進み出て、三韓の表文を読み上げました。

表文の終り近くなっても、討ち手が来ないので、倉山田麻呂臣は汗が身体にいっぱい出て、声が乱れ、手が震えたので、入鹿は怪しみ、「なぜ震えわななくのか」と尋ねました。山田麻呂は「天皇に近づけるかしこみさで、不覚にも汗が出るのです」と答えました。

佐伯連子麻呂らが、入鹿の威に恐れて、便を施し、進み出ないのを、中大兄が見て、「やぁ」とのたまい、子麻呂らと共に不意に剣を持って、入鹿の頭肩を傷つけ割りました。

入鹿の死体が大臣蝦夷の宅に運ばれますと、漢直（あやのあたい）らが眷属をすべて集め、鎧を着て、武器を持ち、大臣を助けて陣を敷こうとしました。

高向臣国押（たかむくのおみくにおし）が漢直らに、「吾らは入鹿によって殺されるだろう。蝦夷大臣も今日明日にでも忽ち誅されるだろう。然らば、誰がために空しく戦って、悉く刑に処せられるのか」と言い終わり、剣を解き、弓を投げて、立ち去りますと、賊の徒も彼に従って散りました。

蘇我蝦夷らは誅されるとして、悉く天皇記・国記・珍宝を焼きました。船史恵尺が走り出て焼かれる国記を取り、中大兄に奉献しました。滅びた蘇我氏は三国国造系息長氏と同祖です。

3-14　百済の滅亡

斉明(さいめい)天皇は百済を救援するため、新羅を征伐しようとして、駿河で船を造らせ、七年正月六日に海路を西に向かい、八月に岡山の沖合につき、同月十四日に伊予の行宮に宿泊し、三月二十五日に博多に着きました。

四月に百済の福信が使者を遣わして、百済の王子の豊璋を迎えることを願ってきました。

五月九日に天皇は朝倉宮に遷都し、七月二十四日に朝倉宮で亡くなりました。

天智称制元年（六六二）三月に、唐と新羅が高句麗(こうくり)を攻め、高句麗が救いを求めてきたので、この求めに応じ、軍将を錦江下流に派遣しました。このため、唐は南の境を攻略できず、新羅は西の敵の砦を落とすことが出来なくなりました。

称制二年六月に、百済王の豊璋は鬼室福信を謀反の疑いで殺してしまい、これを知った新羅の軍勢は百済の州柔(つぬ)城を囲み、唐の戦艦百七十艘が白村江(はくすきのえ)に陣列しました。

八月二十七日に、日本船と唐船が合戦し、日本船は不利になったので退き、翌日、前・中・後の三軍編成で反撃に転じ、中軍が進み出たところを唐船は左右より挟んで包囲し、日本船はとっさの間に大敗し、水中に落ちて死ぬ者が多い状態になりました。

百済王の豊璋は数人と船に乗って高句麗に逃げ去り、九月七日に百済の州柔城が唐軍に攻められて陥落し、百済は遂に滅亡しました。

3-15　壬申の乱

天智天皇は即位して四年後に病気にかかり、痛みが激しかったので、蘇我安麻呂を遣わして、東宮（大海皇子）を呼び寄せました。

安麻呂は東宮に好意をもっていましたので、注意して申されるようにと、東宮に忠告しました。

それで、東宮は陰謀があるのだろうと疑って、天皇と慎重に話しました。

天皇は東宮に洪業を授けようとしましたが、東宮は譲り辞して、「私は不幸にして多くの病がありますので、洪業を全うすることはできません。洪業は皇后に附せ、大友皇子を皇太子になさいませ。私は今日出家して、陛下のために功徳を修めます」と答え、天皇は許されて、東宮は翌日法衣に着がえ、個人の武器を集めて司に納め、吉野へと向かいました。

左大臣蘇我赤兄臣・右大臣中臣金連・大納言蘇我果安臣らが宇治まで見送り、ある人が「虎に翼を着けて放ったようなものだ」と言いました。

明日香村の嶋村で一泊し、吉野に着いた大海皇子は、「今、私は入道して修行をしようとしている。それで、私に従って修行せんとする者は残り、近江の朝廷に仕えて名をなさんとする者は帰って司に仕えよ」と申し渡しました。

しかし、退く者がなかったので、再び供の衆を集め、同じことを繰り返しますと、供の衆は半数は留まり、半数が去りました。

十二月に天皇が亡くなり、翌年五月に、「近江朝廷が山陵を造るといって、尾張・美濃の人夫を集めているが、山陵を造るのではなく、必ず何かの事件があるだろう」と告げる者がありました。また、近江から明日香に至るまで、所々に監視人を置いたり、宇治橋の守衛人に命じ、大海皇子の舎人の私糧を運ぶのを遮っている」と、知らせてくる者がありました。

よく聞くと、本当なので、美濃国安八郡の湯沐の役人のところへ使者を派遣し、同郡の兵を集めさせ、美濃各地の諸軍を以て、急いで不破道を塞がせるため、六月二十二日に村国男依（およ り）ら三人を派遣しました。

駅鈴を貰っておいたほうが良いと言う者がありましたので、貰いに行きましたが、貰えませんでした。

二十四日に大海皇子は徒歩で美濃に向かい、偶然に縣犬養連大伴の鞍馬に遇い、皇子は馬に乗り、妃は輿に乗って従いました。

甘羅（かむら）村を過ぎると、大伴朴本連（えのもとむらじ）大国が率いる猟者二十余人に遇い、皆の者を従駕させ、美濃王を召したところ、参上しましたので、従者としました。

津振川に至ると、手配していた車駕が来ました。宇陀郡家の手前で、湯沐の米を運ぶ伊勢の駄馬五十匹に遇い、すべての米を捨てさせ、歩者を乗せ、室生村大野で日が暮れました。山道が暗くて進むことができなかったので、この村の家の垣根を壊して、灯火としました。

名張に着いて、駅家を焼き、大声で人夫として参加するよう呼びかけましたが、一人も来ませんでした。

伊賀でも駅家を焼きました。伊賀の大山を越えて、伊勢の鈴鹿に入り、伊勢の川曲郡の坂下に着いて、日が暮れました。寒くて、雷がなり、ひどく雨が降りました。従者は衣類が濡れて寒さに耐えず、三重郡家に着いてから、家一つを焼き、寒がる者を温めました。

二十六日の朝、桑名郡家に着くまでに、村国男依が馬に乗って駅に来て、「美濃の兵三千人を出発させて不破道を塞いだ」と報告しました。

郡家に着いてから、大海皇子は高市皇子を不破に遣わして、軍事を監督させ、東海・信濃の兵を集めるべく人々を派遣し、この日は桑名郡家に宿をとりました。

近江朝廷に大皇弟が東国に入ったことが伝わり、その群臣らが悉く怖じて、都の内が動揺し、遁れて東国に入ろうとする者や、退いて山澤に隠れようとしました。大伴連馬来田（まぐた）・弟吹負（ふけひ）は時の否を見て、病と称し、大和の自宅に帰りました。

二十七日に、妃を桑名に留めて、不破に入り、郡家に至るころに、尾張国の司守小子部連（つかさのかみちいさこべのむらじ）が二万の衆を率いて来たので、大海皇子は褒めて、衆を分割し、所々の道を塞がせましたが、戦闘が終わって賞罰を行う前に、尾張国の司守は山に隠れて自殺してしまいました。天皇は「尾張国司守小子部連は功があった。罪が無かったならば、自ら死ぬことはないだろう。陰謀があったのか」と申されました。

大和では、二十九日に、大伴連吹負が密かに留守司坂上直熊毛と議して、一二の漢直らに、「我は偽って高市皇子と名乗り、数十騎を率いて、飛鳥寺の北の道より出て、駐屯地に向かうから、汝は内応してくれ」と頼み、すぐに兵を百済の家で繕い、南の門から出発しました。

大伴連吹負の家が、今の北葛城郡広陵町百済にあったのに注目すべきで、ここは敏達四年まで百済大井宮があった地域で、この天皇の百済大井宮は、武烈三年に大伴室屋が天皇の命を受けて城柵を造った百済大井宮と同じ名であり、室屋以来、大伴氏が大和での本拠にしていた地区です。

近江朝は山部王・蘇我臣果安・巨勢臣比等に命じて、数万の衆を率い、不破を襲わんとして、犬上川の浜に陣を取りました。このとき、山部王が蘇我臣果安・巨勢臣比等によって殺されました。この乱れで近江朝の軍隊は進まず、蘇我臣果安は犬上から戻って首を刺して死にました。このときに、近江の将軍羽田公矢国、その子大人等が一族を率いて降伏してきました。それで、斧鉞を授けて、将軍に与え、北の越前に入らせました。

近江方は、将軍でも武器が不足していたのです。

七日に男依らは近江の軍と息長の横河で戦って勝ち、その将軍境部連薬を斬りました。

十三日に男依らは安河の浜で戦い、大いに破りました。

二十二日に男依らは瀬田に至りました。このとき、大友皇子と群臣らは橋の西に大きく布陣し、その後が見えないほどでした。

大分君稚臣（おおいたのきみわかおみ）が長矛を捨て、鎧を重ね着し、刀を抜ぎ、急いで橋板を踏み渡り、橋板に付けた綱を切り、矢を受けながら、敵陣に入りました。

敵の衆は悉く乱れ散り、将軍智尊は刀を抜いて逃げる者を斬りました。しかし、止めることは出来ず、智尊は橋のほとりで斬られました。

大友皇子・左右大臣らは、やっとのことで、身を免れて逃げました。

この日に羽田公矢国・出雲臣狛が三尾城を攻め落としました。

二十三日に男依らは近江の将軍犬養連五十君と谷直鹽手を粟津市で斬りました。大友皇子は逃げるところがなくなり、戻って山前（やまざき）に隠れ、自ら首をくくりました。左右大臣や群臣は皆逃げ失せ、物部連麻呂ほか一人か二人だけが付き添いました。

3-16　冶金を掌った大海宿祢麁鎌

大海皇子を養育したのは大海宿祢麁鎌（おおしあまのすくねあらかま）で、彼は天武十三年十二月に宿祢の姓（かばね）を与えられた連五十氏のうちの凡海連です。

大海皇子は舒明天皇（田村皇子）と皇極天皇（宝皇女）の皇子ですし、父母の両天皇はいずれも北越前育ちなので、その皇子を養育した大海宿祢麁鎌は北越前の海部を本拠にしていたはずです。ここは今の安島あたりで、宝皇女の由来である高羅と合致します。

大海皇子の湯沐は美濃国安八郡にありました。村国男依はそこを管理し収納を行う役人です。安八郡を流れる揖斐川の源流と、北越前の足羽郡を流れる足羽川の源流とは、接しています。このルートを通して、湯沐の米が運ばれたようです。この湯沐というのは中宮・東宮に支給された食封の一種です。

続紀によりますと、大宝元年三月に大海宿祢麁鎌は冶金のため陸奥に派遣されました。なぜ海産物取扱業者のような名の人が冶金に携わったかを考えてみますと、美濃の揖斐川西方に金生山があり、この山は鉄鉱石の産地でした。

彼の家系はこの鉄鉱石精錬に携わっていたようで、北越前の古市あたりの金元・金屋や、金津あたりの金屋と関連する大伴金村の系統とも、密接な関係にあったらしいのです。

壬申の乱のとき、大伴連馬来田・吹負はいち早く大和に帰り、大和の警備を固めています。

美濃・越前の鉄製品・半製品の流通に携わったのが、北越前吉野谷西北の中ノ郷・上中・下中という中が付く地域に居所を置いた中家であり、それが茅渟にも居所を持った茅渟縣主だったわけです。

この結論は、雄略天皇が根使主の子孫の半数を袋担ぎ者として茅渟縣主に与えたことと合致します。ここで、注目すべきは、何のための「袋担ぎ」なのかです。それは流通です。

近江勢に比べて、美濃勢は武器の質と量において、格段の差があり、勝敗は初めから分かっていました。宇治まで大海皇子を送ってきたある人が「虎に翼を着けて放ったようなものだ」と言ったのは、金生山の鉄のことを言ったようです。

また、継体天皇の大和入りを可能にした茅渟王の戦力も、これに依るようで、山の幸・海の幸を掌り、陸行・水行を実践する者が勝つ時代でした。

この戦力には更なる伝統的な影の影響力が加わっています。それは、大海宿祢が生江物部の海部だからであり、饒速日命と長髄彦の娘の子で物部氏の初代とされる宇摩志麻遅と、穂積氏の祖大水口宿祢―建忍山宿祢と、弓削物部とを、物部系譜から除きますと、越前物部の全貌が浮かび上がります。

物部氏は刑罰を本業としたように言われていますが、それは枝葉末節的な見方でして、物流のためには、保安上の警備が必然的に欠かせなかったのです。

彦湯支―出雲醜大臣―出石心大臣
┬鬱色雄―大知宿祢―武諸隅―多遅麻―印葉―大別―鍛冶師
└大綜杵―伊香色雄―十市根―金弓―胆咋┬五十琴宿祢┬伊己弗―目―荒山
　　　　　　　　　　　　　　　　　　│　　　　　└麦入宿祢┬大前宿祢
　　　　　　　　　　　　　　　　　　│　　　　　　　　　　└小前宿祢
　　　　　　　　　　　　　　　　　　└五十琴彦―木筵―真佐良―麁鹿火┬影媛
　　　　　　　　　　　　　　　　　　　　　　　　　　　　　　　　　└毛等若子

彦湯支の彦は男性を意味し、湯支の湯というのは、前述しましたように柿田庄の文覚井をモンガクユと読むが如く、また北越前の湯谷が猪谷であったように、本来はイです。そうしますと、湯支の支はシではなく、分岐のキで、湯支というのは、対馬の南にある壱岐のことになります。

次の出雲醜大臣の出雲は、申すまでもなく、島根県東半の出雲であり、更に次の出石心大臣（いずしこころのおおおみ）の出石は但馬（たじま）の出石です。

つまり、タジマの出石に落ち着いた日矛の渡来経路を意識したような系譜になっていますわけで、この点において、日矛とタジマを祖先と仰ぐ息長系譜に類似していますが、これを、家系を誇示して我家の発展を計った藤原氏の祖先系譜と同じように取り扱うか否かによって、古代の歴史観が変わってきます。その御判断は本書の読者におまかせ致します。

筆者が考えますには、これは、生江物部氏の通商・外交経路の拠点を表していまして、それを掌ったのが大海宿祢らしいのです。

生江物部氏の先祖地を尋ねますと、福岡県鞍手郡宮田町に生見（いくみ）の地名があり、そこは、どこにあるか誰にも分かっていない邪馬壱国二つ手前の不弥国の中心で、水行地であり、魏志倭人伝の水行の謎が解ける地でもあって、生見は生水（行水）です。この生水が生井に通じ、それから、生江が発生したようです。そして、この水行の実践族が大海宿祢なのです。

そしたら、水行・陸行の行先、つまり、邪馬台国はもう一つあり、それが生江川（足羽川）谷間出口北の吉野谷です。また、麁鎌が陸奥に派遣されたのも陸行（陸の行事）の一つだったのであり、その祖先は不弥国の卑弥呼時代以前の卑奴母離（ひのもり）（1-7参照）だったのですが、母離は守で、道中の警護を意味し、警護用武器の調達のため、鉄源に関係していたということです。これを立証するかのように、原郷である生見の西近くに金生の大字があります。

宇治拾遺物語一八六に、吉野から美濃に向かった大海皇子を不破明神が救ったことが書かれていますが、この不破明神は不破郡垂井町宮代（みやしろ）の仲山金山彦神社（南宮大社）の神のようであり、この神の勧請元は吉野山の最奥に鎮座する金峯（きんぶ）神社に地主神として祭られている金山彦神らしいのです。

不破の仲山金彦神を奉斎したのは、不破郡大領になった宮勝木実（みやすぐりこのみ）ですが、この人物は大海宿祢配下の帰化人らしく、この大領も陸奥へ同行したに違いありません。

麁鎌のアラは天の神を意味し、カマは福岡県嘉麻市あたりに嘉麻郡が昔あり、新月形をしたのが鎌で、日に付き添う意味を表し、これが狭義の投馬国（つまこく）の名残りです。投馬国は妻国ですから、魚の頭とカマのように、頭である邪馬台国に付き添って、カマである狭義の投馬国（つまこく）はあり、嘉麻市以前の山田市が魚の頭であった邪馬台国の名残りです。

狭義の投馬国(つまこく)は、日神（卑弥呼(ひみこ)）に付き添って天に送られた月神（卑弥呼の弟）の居所であり、それは嘉麻郡(かまぐん)として、その名残りがありました。

そして、以上のことから、麁鎌(あらかま)というのは、「天の神または天の王に付き添う者」という意味であることも分かりました。

それから、魏志倭人伝に書かれています「南至投馬国水行二十日」「南至邪馬壹国、女王之所都、水行十日・陸行一月」の謎も解かれ、水行・陸行と関係がある大海宿祢麁鎌(おおしあまのすくねあらかま)の名からしますと、その行先は北越前海岸の海部(あまんべ)です。そこから何処へ行ったかは、本文に書きました。

著者略歴

著者　紵屋（かせや）　彰徳（あきのり）

1924年福井県吉田郡生まれ。上中尋常小学校、福井中学校、第四高等学校、東京大学工学部卒業。合同製鉄株式会社取締役を経て、郷里から即位した継体天皇に興味をもち、同天皇前後の皇譜を解明し、継体天皇の履中後裔説・倭五王の北越前生誕説を初めとして多数の新説を見だす。

倭の五王の里から解く
日本古代史の真相

2016年7月27日　初版第1刷発行

著　者　紵屋　彰徳

発行所　ブイツーソリューション
〒466-0848 名古屋市昭和区長戸町4-40
電話 052-799-7391　Fax 052-799-7984

発売元　星雲社
〒112-0012 東京都文京区大塚3-21-10
電話 03-3947-1021　Fax 03-3947-1617

印刷所　藤原印刷

ISBN 978-4-434-21964-1